Dirk Oltersdorf
Wer jetzt nicht zugreift, spart bares Geld!

Zu diesem Buch

Tauchen Sie ein in kuriose Geschichten über die Verdenglischung der deutschen Sprache, das Privatfernsehen mit seinen immer verrückteren Formaten und der nicht enden wollenden Flut an Talk-, Musik-, Therapie- und Quiz-Shows, in denen merkwürdige Menschen seltsame Dinge erzählen, die niemanden interessieren, dem Irrtum erliegen singen zu können oder Probleme diskutieren, die keine sind und bei denen wir Zuschauer ständig genötigt werden irgendwo anzurufen, um irgend etwas zu gewinnen – und dabei sogar für das Verlieren bezahlen müssen. Wem das nicht reicht, der findet zusätzlich Erhellendes zu vielen weiteren faszinierenden Alltagsthemen und Begebenheiten.

Gönnen Sie sich dieses Buch über und für alle Lebenslagen, das den täglichen Wahnsinn zwar entlarvt, aber Sie belustigt zurück lässt, denn das Leben ist viel zu kurz ist für ein langes Gesicht.

Dirk „Olly" Oltersdorf, geboren 1961, ist langjährig und glücklich verheiratet, bekennender Rotwein- und Ruhrgebietsfan und lebt seit Fertigstellung sehr gern in Bochum. Als gelernter Schriftsetzer arbeitete er später fest und frei als Werbetexter, Autor, Gag- und Ghostwriter sowie auf Anfrage als Gelegenheitslyriker und Teilzeitgenie. Neben Lesungen eigener Texte schreibt er die monatliche Kolumne „Ollys Einwurf" im Stadtteilmagazin „Ehrenfelder" und ist Teil des in Bochum legendären und dort weltberühmten Kult-Quartetts „Whiskylesung" – *www.whiskylesung.de* Unerklärlich bleibt ihm die Anhängerschaft zum VfL Bochum, die er jedoch dem stetigen Auf und Ab des Vereins zuschreibt, was ihn sehr stark an das eigene Dasein erinnert. Stolz ist er bis heute auf die kleine, aber feine Mitwirkung am Silberling „Musik für beide Ohren" der Band „Die Kassierer" aus Wattenscheid.

Dirk Oltersdorf

Wer jetzt nicht zugreift, spart bares Geld!

Einsichten eines Außenstehenden in den ganz normalen Alltagswahnsinn

In lesefreundlicher, alphabetischer Reihenfolge

Books on Demand GmbH, Norderstedt

Copyright© 2009 bei Dirk Oltersdorf
www.dirkoltersdorf.com
3. überarbeitete und erweiterte Auflage
Alle Rechte vorbehalten. Das Werk darf – auch teilweise –
nur mit Genehmigung des Autors wiedergegeben werden.
Umschlagfoto: Dirk Oltersdorf
Foto S. 2: Frank Born
Foto S. 148: Bettina Engel
Lektorat: Wolfgang Hesse
Herstellung und Verlag: Books on Demand GmbH, Norderstedt
Gesetzt aus der Garamond
Printed in Germany

ISBN: 9783837082654

Für Inge

(Ohne die nichts ginge)

„Zwei Dinge sind unendlich,
das Universum und die menschliche Dummheit.
Obwohl ich mir beim Universum noch nicht ganz sicher bin."

(Albert Einstein – Physiker, 1878-1955)

„Geld verdirbt nicht den Charakter, mein Junge,
es offenbahrt ihn."

(Martha Tilsner – meine Ommma)

Inhalt

Auf ein Wort

Da ich weder berühmt bin, noch Spross einer traditionsreichen Verlegerdynastie oder zumindest in einem gut gefüllten Geldschrank das Licht der Welt erblickt habe und mich selbst bei der Wahl der Ehefrau für die Liebe und nicht für das Geld entschied, nutzt dieses Buch dank modernster digitaler Übertragungs- und Drucktechnik sowie der versierten Fertigkeiten seines Autors beim gekonnten Einsatz kalifornisch motivierter Computertechnologie im Zeichen der angebissenen Baumfrucht die großartige Möglichkeit „auf Abruf" zu erscheinen – oder „on demand", wie es die Hamburger Erfinder auf Neudeutsch gern nennen.

Einige der hier versammelten Texte entstammen dem Programm „Whiksylesung", mit dem ich gemeinsam mit den Herren Boldt, Schorneck und Weber durchs Revier streune und auf belustigende Weise in Lied und Wort sowohl über das flüssige Gold selbst, als auch über die Folgen unkontrollierter Dosierung informiere.

Adieu Grand-Prix

Alles Schöne geht vorbei, und dieser allseits bekannte Satz gilt auch für das legendäre Highlight länderübergreifender Völkerverständigung mittels musikalischer Geräuschentwicklung, den „Grand Prix d'Eurovision de la Chansons", über den ich gern ein paar unnötige Worte verlieren möchte.

Zwar wurde immer wieder über dieses Schlagerspektakel hergezogen, aber nach der legendären deutschen Vorentscheidung in der Kieler Ostseehalle, die dem Grand Prix 2002 im estnischen Tallinn vorangegangen war, wurde in puncto Spannung und Überraschung eine neue Bestmarke überschritten, die mich seither an die Möglichkeit kollektiver Gehirnwäsche glauben lässt.

Hand aufs Herz, wer hätte gedacht, dass der Norddeutsche zu derartigen Gefühlsausbrüchen fähig wäre. Was an diesem Abend an Emotionen über die Fernsehschirme in die guten Stuben der Republik schwappte, war bis dahin unvorstellbar. Was hätten Gerhard „Brioni" Schröder und Edmund „Amigo" Stoiber seinerzeit dafür gegeben, wenn bei der im selben Jahr folgenden Bundestagswahl auch nur ein Bruchteil dieser Euphorie aufgekommen wäre.

Ganz vorne weg natürlich der Liederfabrikant der Nation, die Reinkarnation lebenslang haltbaren Schlagerschmalzes, Ralph „mit ph" Siegel. Nach missglückten SMS-basierten Affären mit ausrangierten, orientalisch anmutenden schwarzhaarigen Blondinen und der in diesem Jahr nicht zu befürchtenden Konkurrenz von Spaßvögeln à la Guildo Horn und Stefan Raab, hatte sich der Leichte-Muse-Mann vorgenommen, die Deutschen sturmreif singen zu lassen.

Zum dritten Mal in Folge – also bitte nicht wiederwählen – setzte er auf den bühnengestützten Lallstreckenbomber Corinna May. Und da sich ihr dürftiges Liedchen „I can't live without music" kaum von den anderen ballermannesken Darbietungen der Top 5 abhob, war es wohl eher Zufall oder schlicht telefonischer Beschiss, dass sie am Ende via Ted endlich als Siegerin feststand.

Vielleicht hatte Siegels Ralph aber auch gedroht nie mehr mitzumachen, wenn man ihn nicht endlich mal wieder gewinnen lässt. Böse Zungen behaupten sogar, er habe sich damals absichtlich die blinde Sängerin ausgesucht, um bei der Schlagergemeinde den Mitleidsbonus abzugreifen. Und wer den Auftritt von Frau May im Fernsehen verfolgt hat, der wird wie ich froh darüber gewesen sein, dass sie sich nicht fürs Tanzen entschieden hat.

Hätte der Schlagerfabrikant Siegel dann noch im fernen Estland beim Finale abgeräumt, wäre ich mir sicher gewesen, dass das in dieser abgezockten Branche sehr schnell ziemlich viele Nachahmer gefunden hätte. Vor meinem geistigen Auge sah ich bereits den neuesten Siegel-Streich. Ein Duett, bestehend aus einem Tauben und einer Blinden, die nervös vor der tobenden Menge stehen, während die Blinde ihren Partner fragt, ob die Fans denn schon tanzen. Darauf hätte ihr tauber Sangeskollege wahrscheinlich geantwortet: „Wieso ... läuft die Musik schon?"

Aero-TV

Man sagt, das Fernsehprogramm wird immer grauenhafter. Und das sage nicht nur ich, dessen Meinung sowieso ungehört im Meer der Millionen Glotzer untergehen würde. Nein, das sagt sogar Thomas Gottschalk. Ja, der Haribo-Colorado-Wer-geht-denn-schon-zu-McDonald-Wetten-daß-und-Disney-Gottschalk.

Also dachte ich mir, dann kannst Du es erst recht aussprechen, ohne in den Verdacht intellektueller Borniertheit zu geraten. Oder hält vielleicht jemand Thomas Gottschalk für intellektuell oder borniert? Ja, früher mal, okay, aber früher war auch das Fernsehen besser … sagt man. Bleibt die Frage, wieso damals viel häufiger Fernsehgeräte aus dem Fenster geschmissen wurden als heute. Die Älteren dürften sich noch erinnern. Da gab es Abende, vornehmlich zu Fußballweltmeisterschaften oder wenn Dieter „In Ihrem ZDF" Thomas Heck, das goldkettchenbehängte Ex-Autoverkäufer-Seelchen, den Bildschirm bevölkerte, an denen man nicht ins Freie treten durfte, da die Gefahr bestand, durch herabstürzende Fernsehtruhen erschlagen zu werden.

Heute können mediengestützte Allzweckwaffen wie Oliver Geißen, Sonja Zietlow und Jörg Pilawa oder unsere Quotenschwulen Dirk Bach, Alfred Biolek und Thomas Hermanns alle gleichzeitig dummschwätzen und sowohl optisch, als auch geistig deutlich in der Urzeit stehengebliebene Talkshow-Neanders vorführen, ohne dass auch nur eine einzige Flimmerkiste per Luftfracht die gute Stube verlässt. Was ist mit den Zuschauern heute bloß los? Sind alle auf mysteriöse Weise aggressiv gehemmt oder ist schlechter Geschmack dank dutzender Privatkanäle plötzlich en vogue?

Nein, nichts von alledem, denn um sich nicht aufzuregen, schauen die Menschen nur noch beiläufig hin. Die Glotze wird zwar mit schöner Regelmäßigkeit in Betrieb gesetzt, doch sobald es flimmert, widmen sich die Zuschauer unterhaltsameren Dingen. Saugen Staub, erfüllen eheliche Pflichten oder surfen im Internet – natürlich nur dann, wenn ihr Computer auch das tut, was sie von ihm verlangen. Meist tut er das aber nicht. Und das wiederum bringt mich auf die Frage, warum eigentlich so selten PCs aus dem Fenster geworfen werden.

Ich glaube, darauf gibt es drei Antworten. Erstens: Wenn der Computer streikt, kann man immer noch fernsehen. Zweitens: Computer muss man nicht aus dem Fenster werfen, sie stürzen von alleine ab. Jedenfalls häufig dann, wenn die Software aus der Bill Gates'schen Konsumentenquälanstalt Microsoft stammt, die sich erfolgreich darauf spezialisiert hat, ihren Kunden für viel Geld Bananen-Software anzudrehen – denn die reift erst beim Kunden.

Es gibt sogar Kritiker, die behaupten, Billy-Boy sei gar kein Mensch, sondern von Außerirdischen auf der Erde vorsätzlich abgesetzt worden, um unsere technische Revolution zum Stillstand zu bringen, damit die Aliens noch viele Jahrhunderte unbehelligt in den unendlichen Weiten des Raumes leben können.

Drittens schließlich ist es oft deutlich schwieriger einen Computer aus dem Fenster zu werfen als ihn zu bedienen. So wird häufig, vielleicht aus Macht der Gewohnheit, der Computer mit dem Monitor verwechselt. Das ist gut daran zu erkennen, dass der arme Bildschirm immer dann angeschrien wird, wenn es der Computer nicht tut. Kaum einer beachtet bei diesen Verbalattacken den klobigen Klotz, der kichernd unter dem Schreibtisch steht und in dem eigentlich die Wurzel allen Übels steckt.

Hinzu kommt, dass das Problem häufig vor dem Rechner sitzt. Außerdem, bevor jemand einen Monitor schmeißen könnte, müsste er eine Reihe von Kabeln zwischen beiden Komponenten lösen. Nur, welche Kabel genau?

Die Zeitschrift „PC Welt" fand heraus: Bevor frustrierte Computerbesitzer sich derart komplizierten Fragen widmen, verlegen sie sich statt aufs Werfen lieber aufs einfachere Zertrümmern. Und das häufigste Opfer dieser Wutausbrüche ist weder der Bildschirm noch der Computer, sondern, gemein und hinterlistig wie wir Menschen sind, dessen kleinstes und unschuldigstes Anhängsel: die Maus.

Also sind diese Entgleisungen eigentlich eher ein Fall für die Tier-schutzvereine, obwohl deren Zuständigkeit in internationalen Online-Foren äußerst kontrovers diskutiert wird.

Am Anfang war der Schrei

Was kaum jemand weiß, vor hunderttausenden von Jahren, als wir Menschen uns langsam an den aufrechten Gang gewöhnten und die Bäume gegen Höhlen einzutauschen begannen, ist der Gesang entstanden.

Wahrscheinlich, das ist musikhistorisch eher vage, kam es dazu, als zwischen mehreren Höhlenbewohnern ein handfestes Gerangel um frisch erlegte Beute ausbrach. Da die Kommunikation noch in den Kinderschuhen steckte – gurgelnde und zischende Gutturallaute waren die Regel – konnte es schnell passieren, dass bei Steinzeits das Begehren des Gegenüber falsch interpretiert wurde und schon war die schönste Schlägerei im Gange. Rudimente dieser urzeitlichen Sprachsuppe gehören übrigens noch heute zum Repertoire unserer holländischen und schweizerischen Nachbarn.

Im Zuge einer dieser Höhlenrandalen kam es einem der großschädligen Herren in den Sinn, nicht einfach wie sonst bei Neanders üblich, dem Widersacher mit der Keule eins überzuziehen, sondern eine ihm ad hoc einfallende Nahkampftechnik auf ihre Alltagstauglichkeit hin zu überprüfen. Der Kontrahent wurde von hinten ergriffen, der eigene Arm geschickt um dessen Hals gelegt und im Anschluss kraftvoll auf den Kehlkopf gedrückt. Der Gewürgte rang natürlich augenblicklich nach Luft und dabei entstand ein für damalige Verhältnisse höchst ungewöhnlicher Laut … etwas, das phonetisch umschrieben ungefähr im Bereich von AAARRGGHHH angesiedelt gewesen sein dürfte. Die Grundlage menschlichen Gesangs war damit gelegt.

Die Kontrahenten ließen umgehend Speere, Beile und Keulen fallen, gruppierten sich um den vokalistisch ungewöhnlich Begabten und lauschten andächtig der neuen Melodei. Der Würger, selbst nicht minder überrascht, sich seiner Vorreiterrolle jedoch bewusst, ließ es sich nicht nehmen, durch mal stärkeren, mal schwächeren Druck auf den Hals seines Opfers die unterschiedlichsten klanglichen Facetten herauszuarbeiten. Die Begeisterung des Auditoriums war groß und viele hatten das Gefühl, etwas Großem und Wegweisendem beizuwohnen.

Natürlich war es aufgrund der äußerst resoluten Spielweise mit der Langlebigkeit des Sängers nicht all zu weit her. Bereits wenige Augenblicke später flaute das anfangs kraftvolle AARRGGHH merklich ab, ging in ein leises Krächzen über und verstummte schließlich ganz. Vom jähen Ende der künstlerischen Darbietung schockiert, gleichzeitig jedoch vor Experimentierfreude berstend, gingen einige Zuhörer sofort ungefragt ihren Nachbarn an die Kehle und versuchten sich ebenfalls in der neuen Kunstform.

Keine 40 tote Kraalbewohner später schlich sich jedoch die Erkenntnis ein, dass diese zwar bahnbrechende, aber der Gesundheit eher abträgliche Form der Tonerzeugung auch anders, besser gesagt gesünder zu bewerkstelligen sein müsste. Den geistig etwas Beschlageneren der anwesenden Sippen kam daraufhin die Idee, aus eigenem Antrieb die Stimme – wie soeben erlebt – zu eheben.

Intensives Üben zeitigte zügige Fortschritte und die Erfolge sprachen sich schnell herum. Schon bald drangen aus vielen steinernen Behausungen die ersten mehr oder minder wunderbaren AAARRRGGHHH's. Dieser Grundton übrigens wurde recht bald unter Fachsteinzeitlern als „Höhlenton A" bezeichnet, der später, lediglich dem Umzug in selbstgebaute Hütten und Häuser geschuldet, in den bis heute gültigen „Kammerton A" umbenannt wurde, womit man der räumlichen Metamorphose Tribut zollte.

Aber zurück zu den Wurzeln. Die Entwicklung schritt voran und schon bald kam den Protagonisten eine bis heute gültige Erkenntnis: Nicht jeder ist in der Lage, *schön* zu singen. Wie bei allen von Menschen durchgeführten Verrichtungen waren einige prädestiniert, andere einfach untalentiert. Spätestens als die ersten Schöngeister von Unterkunft zu Unterkunft zogen, um dem tristen Saurierjagen und Keulenschwingen zu entgehen und auf ruhige, fast schon künstlerisch zu nennende Art ihren Lebensunterhalt zu bestreiten, kannte die Experimentierfreude keine Grenzen mehr. Längst war das schnöde AARRGGHH verpönt, und die ersten versuchten sich an weiteren, im Zuge der Evolution in Umlauf gebrachten Vokalen.

Neben EEE's, IIII's und UUU's traute sich die Avantgarde hie und da schon mal an ein lüsternes OOOHHH. Der Versuch, diese Aufbruchstimmung auf Konsonanten auszuweiten, währte jedoch nur kurze Zeit.

Die musikalische Entwicklung schritt voran. Kleine Melodien entstanden und zusammen mit der sich stetig aus verschiedensten Rudimenten überall weiter entwickelnden Sprachenvielfalt folgten den geträllerten Vokalen erste Texte, die zwar in Inhalt und Tiefgang noch zu wünschen übrig ließen, jedoch in Ansätzen auf kommende Ereignisse verwiesen. Erste Urzeit-Hits entstanden, die talentierte Eltern in geheimen Sitzungen an ihre Kinder weitergaben. Kurz darauf folgten Vokalgruppen, die von Kraal zu Kraal zogen und bei festlichen Anlässen aller Art ihr Können unter Beweis stellten.

Neuesten Untersuchungen zur Folge soll selbst Drafi Deutschers Gassenhauer „Marmor, Stein und Eisen bricht" bereits dieser frühzeitlichen Periode entsprungen sein. Experten verweisen dabei neben der Verwendung damals gängiger Gesteinsarten besonders auf die Refrainzeile „dammdamm, dammdamm", die eindeutige Lautmuster urzeitlicher Werkzeughandhabung erkennen lässt. Ab hier war es nur noch ein kleiner Schritt zur orchestralen Begleitung, da bereits in dieser frühen Phase bei zahlreichen Darbietungen einige Umstehende rhythmisch zum Singsang mit ihren Knüppeln auf Steine oder herumliegende Schädel schlugen, gespannte Tierdärme zwischen Astgabeln zum Schwingen brachten oder dank beherzten Anblasens ausgehöhlter Oberschenkel- und Unterarmknochen erst kürzlich vermoderter Verwandter die gesungenen Melodielinien zunächst nachahmten, später gar begleiteten.

Kurz gesagt, sämtliche heutigen Musikstile lassen sich bis zu diesen Ursprüngen zurück verfolgen. Einige Forscher versteigen sich gar zu der These, dass ohne das eingangs erwähnte urzeitliche Gerangel die musikalische Entwicklung wahrscheinlich noch heute in den Kinderschuhen stecken würde, zumindest aber weit hinter der aktuellen Virtuosität und Vielseitigkeit zurück stünde.

Wer nach diesen Erläuterungen die Muße hat, konzentriert hin zu hören, dem wird vieles klarer. Zum Beispiel im Punkbereich oder bei den Songs von Status Quo. Ganz zu schweigen von den deutlich zu erkennenden frühzeitlichen optischen Anleihen, beispielsweise bei „Lemmy" Kilmister von der ebenfalls populärmusikalischen Kapelle Motörhead. Hier erkennt selbst der musikalische Laie mit dem unverkopfhörerten Ohr das Erbe der einstigen Minimalmusik.

Oder denken wir an Michael Jacksons geradezu beängstigende Physiognomie, die ebenfalls deutlich verifizierbare Ansätze bereit hält. Unklar bleibt hier jedoch, ob Herr Jackson durch die zahlreichen Operationen versucht, sich von seinen urzeitlichen Ahnen zu distanzieren oder endgültig eins mit ihnen zu werden.

Fest steht, noch heute ist viel vom längst vergangenen Flair der Musikentstehung aufzuspüren. Sogar das erste, wenn auch unfreiwillige kräftige AARRGGHH finden wir wieder. Und zwar in der wunderbaren Interpretation eines gewissen Herrn Cocker, der es sich nicht nehmen ließ, das Gesangsstück „With a little help from my friends", einer nicht mehr existenten englischen Musikformation namens The Beatles, aufzunehmen, um es der Nachwelt noch viele, viele weitere Jahrzehnte zu erhalten.

Und dieser Beispiele gibt es viele. Begeben Sie sich in Ihrem Plattenschrank oder CD-Regal ruhig einmal selbst auf die Suche nach weiteren Anzeichen prähistorischen Musikschaffens. Sie werden verblüfft sein, was Sie alles zu Tage fördern.

Babel liegt mitten in Deutschland

Wenn heute etwas so richtig erfolgreich sein soll, dann muss es einen englischen Begriff haben. Deutsch bringts nicht mehr. Es ist zu bieder und viel zu verständlich. Wo kommen wir dahin, wenn jeder jeden versteht. Nein, wir leben in einer Zeit, in der Internationalität alles ist. Internet und Satellitenschüssel haben uns die große weite Welt erschlossen. Und dafür wollen die Deutschen sich bedanken, in dem sie der Weltsprache Nummer eins unumwunden huldigen.

Meinetwegen lasst uns alle zum heiligen Anglizismus konvertieren. Per Volksentscheid im Wahllokal oder mittels Akklamation in den Fußballarenen der Republik. Nachdem es diesen Sommer der König der Präkariatskomik Mario Barth geschafft hat, 70.000 zumindest äußerlich humanoide Lebensformen in ein Fußballstadion zu locken und mit derart flachen Beziehungswitzchen zu traktieren, dass selbst das personifizierte Herrenwitz-Urgestein Fips Asmussen Reißaus genommen hätte, kann ich mir alles vorstellen.

Aber bitte lasst uns nicht gewaltsam lediglich einzelne Vokabeln austauschen. Das hat keine Sprache verdient. Zugegeben, die Franzosen haben es übertrieben mit dem unter Strafe gestellten Einfuhrverbot englischer Begriffe. Jede Sprache entwickelt sich und nimmt Einflüsse und Stimmungen der Menschen auf. Das soll auch weiterhin so bleiben. Aber bitte in Maßen.

Auch ich höre Hits, freue mich bei einem Boxkampf über einen K.O., kann verstehen, dass Elvis für viele der King war und ist, habe als Teenager bei jeder Gelegenheit Thanks gesagt und verwende auch heute noch OK, Tip und Laptop. Aber das sind Begriffe, die sich im Laufe der Zeit in unserem Sprachgebrauch breit gemacht haben. Häufig deshalb, weil die deutsche Entsprechung entweder zu lang oder nicht treffend genug war. Heute wird jedoch einfach alles umbenannt, und es entsteht in vielen Fällen abstruser Sprachmüll, dem man selbst als aufmerksamer Zuhörer kaum mehr folgen kann.

Bei den Berufen merkte man es daran, dass plötzlich jeder ein Manager war. Noch vor fünfzehn Jahren kannte ich eine gut gehende Pommesbude. Heute macht der Sohn des Besitzers noch genau dasselbe, gehört jetzt aber zu einem Food-Network innerhalb eines Franchise-Systems und nennt sich nun stolz Store-Manager. Was ist schlecht an einem Wort wie Pommesbude oder Frittenschmiede. Jeder weiß doch sofort, jawoll, hier kriege ich ordentlich was auf die Gabel. Was hat der moderne Mensch gegen Frikadellen, Pommes und Hähnchenflügel, dass er sie Burger, Fries und Chicken-Wings nennen muss. Besser schmecken sie dadurch bestimmt nicht.

Wunderbar sind auch die Mitarbeiter-Wettbewerbe der Schnellrestaurants. Da hängen herrlich schlecht imitierte Edelholztafeln über den Verkaufstresen, auf denen windschief eingerahmte Photos der Angestellten zu sehen sind. Generell eine wunderbare Idee in der Servicewüste Deutschland. Warum soll man freundliche, kundenorientierte Bedienung nicht belohnen und den Gästen zeigen, wer sich hier so vorbildlich um sie kümmert. Aber warum muss auf der Tafel „Employee of the month" stehen und nicht einfach „Mitarbeiter des Monats". Das wäre genauso lang, inhaltlich absolut identisch und – nicht unvorteilhaft in Deutschland – es wäre verständlich.

Der Anglizismenwahn macht hier aber noch lange nicht halt. Er zieht sich quer durch alle Lebensbereiche. In vielen Restaurants bekomme ich zu meinem Hauptgericht schon lange keine Beilagen mehr, sondern muss aus verschiedenen Side-Orders wählen. Die großen Autovermietungen haben in ganz Deutschland ihre Metamorphose zum Car-Rental abgeschlossen und neulich erläuterte mir eine Reiseverkehrskauffrau wissend lächelnd, dass man das Ground-Handling am Frankfurter Airport erheblich verbessert hätte – und fügte hinzu: Just for Info.

Selbst die junge Sprechstundenhilfe in der Praxis meines Hausarztes weigerte sich hartnäckig mir einen Termin zu geben, sondern beharrte auf einem Date. Hilfsbereit versuchte ich der engagierten Angestellten zu erklären, dass, wenn sie meinen Besuch bei ihrem

Chef schon englisch verklausuliert vereinbaren möchte, es sich im vorliegenden Fall um ein Appointment handeln würde. Abgesehen davon, dass meine Frau dem beschaulichen Leben der jungen Dame ein jähes Ende setzen würde, sollte sie herausfinden, dass ich ein Date mit einer 20jährigen vereinbart hätte.

Natürlich ist das nur die Spitze des Eisbergs, aber sie zeigt, wie schwer es ist, dem immer stärker aufkommenden „Denglisch"-Mischmasch zu entkommen. Er verfolgt uns auf Schritt und Tritt, kriecht durch alle gesellschaftlichen Spalten und Ritzen, und mit Ausnahme einiger weniger Sinn machender Bereicherungen, ist diese neue Weltsprache lediglich Anlass zur Heiterkeit. Und selbst mein Lieblingsspottmedium steckt hilflos im Zangengriff der Anglistik-Mafia. Längst besitze ich keine Fernsehzeitung mehr, sondern schaue bei Informationsbedarf in die TV Movie, die Zeitschrift, die den legendären „Quick-Finder" entwickelt hat. Übrigens neben Fernseh-Guide, Shop-Mitarbeiter, Professional-Tarif und Song-Schreiber eine weitere Blüte der neuen Sprachkultur. Das Zusammensetzen von englischen und deutschen Wörtern zu länderübergreifenden Begriffen. Dabei kommen auch die Sendungen selbst nicht mehr ohne Neudeutsch aus. Jeden Tag werden wir bombardiert mit Game-, Talk- und Reality-Shows, Soap-Operas und Sitcoms und kaum ein privater Sender, beim dem die Nachrichten nicht aus einem News-Center kommen. Und deutsche Schauspieler halten ihren Kopf sowieso nur noch dann in die Fernsehkamera einer Show, wenn sie dem Publikum von ihrem neusten Blockbuster erzählen können, von dem sie garantiert einen kurzen Trailer als Appetizer mitgebracht haben.

Nicht minder interessant sind Sportsendungen. Immer wieder faszinieren mich die Kommentare der Formel-1-Herren Christian Danner und Niki Lauda von der Mutter aller Privatsender RTL. Von diesen bewanderten Herren habe ich gelernt, dass die Rennboliden im Regen kein Wasser mehr aufwirbeln, sondern Spray und das viele Fahrer beim Anfahren nicht mit durchdrehenden Rädern zu kämpfen haben, sondern mit zu viel Wheelspin. Auch redet dank der beiden Stil-Ikonen kaum noch jemand von der

Boxengasse, sondern spricht ehrfurchtsvoll von der Pit-Lane. Das gilt ebenfalls für die Erkenntnis, das schnellere Piloten während eines Rennens die langsamen längst nicht mehr nur einholen. Nein, sie bereiten sich auf den Approach vor.

Vergessen wollen wir bei dieser Gelegenheit natürlich nicht die Trend-Sportarten. Wie haben wir es bloß all die Jahre ohne BMXing, Inline-Skating, Kite-Surfing, Skate-, Snake- und Snowboarding, Cliff- und Base-Jumping oder die Lumberjack-Contests ausgehalten. Ganz zu schweigen von den Monster-Trucks, dem Indoor-Motocross, den Poker-Sessions und den Wrestling-Stars der WWF oder besser Double-U, Double-U, EFF, die sich in ihrer Freizeit mit Pile-Drivern, Close-Lines und Double-Suplexes traktieren.

Aber erst die Kommentatoren. Durch die Bank natürlich Kenner, Entschuldigung Specialists oder Experts. Fast ausschließlich Deutsche, die gerade dem Teenageralter entwachsen sind. Diese jungen Herren lassen nichts unversucht, um international rüber zu kommen. Neben einem hart antrainierten grauenhaften Akzent, den sie für amerikanisch halten, versuchen sie mich zusätzlich mit der Aussprache ihrer Vornamen zu verwirren. Aus Michael wird Mike, ganz zu schweigen von Daniel und Peter, die in Windeseile zu Danny und Pete mutieren. Selbst die Dirks der Szene finden sich nicht mit ihrem Schicksal ab, sondern nennen sich kurzerhand Derrick. Jedoch kommen sie dabei ganz ohne einen Harry aus, den sie damit beauftragen könnten, schon mal die Skates anbladen zu lassen.

All diese Amokredner texten mich mit Begrifflichkeiten zu, die ihresgleichen suchen. Auch versorgen sie mich gerne zu Beginn einer Sendung mit – Achtung, O-Ton – ein paar „grundsätzlichen Basics". Was haben die Pauker uns früher stramm stehen lassen, wenn wir in unseren Aufsätzen von „neu renovierten Wohnungen", „weißen Schimmeln" oder vom „HIV-Virus" geschrieben haben. Heute bleiben diese Tautologien nicht nur ungesühnt, nein, sie finden sogar problemlos Eingang in die Medien.

24

Unvergessen bleibt mir dabei die Beschreibung des Finallaufs eines weltberühmten Rollschuh-Jünglings, der mir in einer Eurosport-Sendung folgendermaßen nahe gebracht wurde: „Wow, three-sixty, Backside-Flip, seven-twenty, yeah, unbelievable. Sehr high, schön stylish. Und jetzt Acid-Grind backwards, Boardwalk, Ally-oop-Soul, nochmal seven-twenty und Shake-and-Bake-Grind mit anschließendem Pornstar. Ja, das ist es, das ist der neue Champ. Mit diesem Run hat er seinen Win save gemacht."

Sie sehen, ich amüsiere mich bestens beim Zappen durch unsere schöne bunte Fernsehwelt und würde wohl etwas vermissen, wenn das alles morgen wieder verschwunden wäre. Trotzdem frage ich mich, warum wir Englisch nicht einfach dort lassen, wo es hingehört. Bei den Muttersprachlern, den internationalen Konzernen, in leicht angebratenen Steaks, auf Internetseiten, in Liedern, auf Hinweisschildern in Bahnhöfen und Flughäfen oder im gleichnamigen Schulunterricht. Ich persönlich glaube, wir stehen noch ganz am Anfang und auf das Ende will ich lieber gar keinen Blick werfen. Denn ich knacke noch immer an einer E-Mail, die ich vor einigen Monaten von einem Dienstleister erhielt, in der mir mitgeteilt wurde, dass man sich mit mir „auf jeden Fall noch einmal persönlich per phonecall zu meinem statement comitten wollte." Ich habe nie geantwortet.

Und meistens dann, wenn ich wieder einmal denke, dass dieser ganze Denglisch-Blödsinn langsam überhand nimmt, schaut meistens meine Frau ins Zimmer und flötet: „Schatzi, hast Du nicht Lust, mit mir in der City ein wenig shoppen zu gehen?"

Besoffene Vögel

Alles begann mit einer dieser fürchterlich kitschigen und an Hässlichkeit nicht zu übertreffenden Kuckucksuhren, die rund um den Feldberg ahnungslosen Touristen im fortgeschrittenen Alter von als Holzschnitzern verkleideten Wegelagerern als original Schwarzwälder Kunsthandwerk aufgeschwatzt werden. Eine sehr entfernte Tante von mir, die ich nur einmal im Jahr treffen muss, erstand im Urlaub eines dieser zifferblattverhängten Vogelkittchen und überreichte es mir nach ihrer Rückkehr feierlich auf dem 80. Geburtstag meines Vaters. Wie immer, wenn wir uns trafen, versäumte sie es nicht, mir mit ihren gelbgoldbehängten Wurstfingern in die Wange zu kneifen und anschließend durch meine Haare zu streichen. „Ach, Dirkilein, wir sehen uns viel zu selten und ich glaube auch, dass Du Dein Liselotte-Tantchen gar nicht mehr richtig lieb hast."

Es sei hier erwähnt, dass ich mich satt in den Vierzigern meines Lebens befinde und darauf verzichten kann, in der Öffentlichkeit derart betätschelt und angesprochen zu werden. Froh war ich lediglich darüber, dass es das Tantchen seit 30 Jahren unterlässt, ein zerknülltes geblümtes Taschentuch aus dem Blusenärmel zu zutzeln, es anzuspucken, um mir dann an der Mundpartie herumzureiben und dabei etwas von „Mäulchen", „Kleckern" und „kleiner Schmutzfink" zu murmeln. Den Geruch dieser angerotzten, parfümierten Stofffetzen – wir erinnern uns, mit Tosca kam die Zärtlichkeit – bekomme ich seitdem übrigens nicht mehr aus dem Gedächtnis.

„Ich habe Dich niemals lieb gehabt und ich will auch nicht mehr, dass Du mich ständig antatschst!" hätte ich ihr am liebsten entgegen geschrien. Aber der gediegene Anlass und die zahlreichen Gäste hielten mich von einer derartigen Attacke ab. Debil grinsend stand ich nun da mit diesem tickenden Ungetüm und bedankte mich artig. Überwältigt von soviel Dankbarkeit umschlang mich die Tante erneut. Überrascht von dieser zweiten Attacke ließ ich die einmalige Chance ungenutzt verstreichen, die Uhr einfach fallen zu lassen, um es wie einen tragischen Unfall aussehen zu lassen.

Mein Vater teilt zwar die Antipathie gegen diese Tante, meinte jedoch, sie sei deutlich älter als er und daher müssten wir die Uhr sicherlich nicht mehr lange ertragen. Seit diesem Geburtstag verschandelt das Ding unseren Flur und wir müssen bei jedem Besuch von Freunden und Bekannten seltsame Blicke ertragen, als hätten wir etwas aus dem Nachlass von Rudolf Moshammer erworben.

Diese vermaledeite Kuckucksuhr ist auch der Grund für die einzig wirklich große Blamage in meinem Beziehungsleben. Ich hatte mich mit Freunden in einem netten kleinen Etablissement zu einer exzellenten privaten Whiskyprobe verabredet. Wie so oft sollten nur vier, fünf schmackhafte Raritäten verkostet werden, schließlich war das Wochenende noch fern und am nächsten Tag mussten alle wieder zeitig raus. Meiner Frau versprach ich hoch und heilig spätestens um zwölf daheim zu sein. Aber wir kamen ins Quatschen, Kumpanen aus der hiesigen Künstlerszene stießen hinzu, für die der Abend selten vor Mitternacht beginnt und Zeit ist ja – wie wir seit Einstein wissen – relativ. Ruckzuck war es nicht nur viel später als geplant, sondern auch die selbst verordneten Alkoholika standen in einem ungesund-reziproken Verhältnis zu meinem Fassungsvermögen. Der Weg nach Hause kam mir zwar deutlich länger vor als sonst, aber schon um kurz vor drei versuchte ich mich erfolgreich an unserer Wohnungstür. Gerade als ich sie hochkonzentriert und leise schloss, kam dieser selten dämliche Schwarzwaldvogel aus seinem Kunststoff-Versteck und kreischte ohrenbetäubend Kuckuck – Kuckuck – Kuckuck. Zur Salzsäule erstarrt vermutete ich, dass die Liebste vielleicht erwacht, und meine sehr späte Heimkehr bemerkt. Rasend schnell fand ich jedoch die Fassung wieder und rettete mich mit einem an Brillanz nicht zu überbietenden Schachzug. Zu dem bereits dreimal ertönten Kuckuck fügte ich geistesgegenwärtig und unter Wahrung der korrekten Pausen neun an Perfektion und Tonlage nicht zu überbietende weitere Kuckuckimitationen hinzu. Geblendet von der eigenen Genialität schmunzelte ich zufrieden in mich hinein. Elfengleich glitt ich den Flur entlang ins Schlafgemach, legte mich vorsichtig ins Bett und dämmerte zufrieden ein.

Als ich am nächsten Morgen an den Frühstücktisch trat und meine Augen noch mit der gleißend hell durch die Fenster scheinenden Sonne auf Kriegsfuß standen, fragte mich die bereits gut gelaunt dort sitzende Ehefrau, wann ich denn letzte Nacht nach Hause gekommen wäre, sie hätte mich gar nicht gehört. Mit stolz geschwellter Brust säuselte ich im süßholzraspelnden Ton glücklich verliebter Männer: „Punkt Mitternacht, mein Schatz, ganz wie versprochen!" Ihre Augen strahlten vor Glück, als sie mich durch einen goldig schimmernden Vorhang aus Kaffee- und Zigarettenrauch ansah. „Zapperlot, du alter Tausendsassa, wie Du das wieder geschaukelt hast", dachte ich still für mich.

Die Liebste meinte darauf, ich sollte mir heute auf jeden Fall einmal die Kuckucksuhr näher anschauen. Irgend etwas wäre damit nicht in Ordnung. Vorsichtig erkundigte ich mich, wie sie darauf käme, was mir auch umgehend und gerne erläutert wurde.

„Du, dass war echt komisch" begann sie, immer noch lächelnd, aber wie ich jetzt fand mit leicht diabolischen Zügen. „Gestern Nacht hörte ich zufällig, wie die Uhr drei Mal hintereinander ‚Kuckuck' schrie. Dann passierte einige Sekunden lang gar nichts und ich war fast schon wieder eingeschlafen, als plötzlich der Kuckuck laut und vernehmlich Scheiße rief.

Nach einer Weile brunfte er dann deutlich verstimmter noch viermal Kuckuck und ich hörte, wie sich das arme Tier geräuschvoll im Klo erbrach. Nach einem nicht sehr gesund klingenden Röcheln folgten drei weitere Kuckucks, die jedoch so klangen, als hätte den armen Vogel jemand gezwungen tagelang durch zu schreien. Dann erschrak ich erst recht, denn das scheinbar völlig verwirrte Tier brach in schallendes Gelächter aus und ich hörte es mit polternden Schritten den Flur entlang rennen, wobei es sich wohl in der Schlaufe meiner auf dem Boden liegenden Tasche übel verheddert, ins Straucheln geriet und gegen unser Geschirr-Regal krachte. Das ließ sich nicht lange bitten und entließ unaufgefordert sämtliches Porzellan der Einlegeböden krachend aufs Parkett. Nach einem erneuten, weit entfernt klingenden Kuckuck, blieb es minutenlang gespenstisch still.

Aber was dann passierte, glaubst Du mir nie." Meine Frau rückte mit verschwörerischer Miene näher an mich heran. „Da besitzt doch dieser schräge Vogel tatsächlich die Frechheit in unser Schlafzimmer zu stolzieren und sich ungeniert neben mich ins Bett fallen zu lassen, begleitet von einem kapitalen Bäuerchen, dass durchaus als Landwirt hätte durchgehen können. Danach dreht sich das Riesenvieh auch noch zu mir auf die Seite, grinst saudämlich mit geschlossenen Augen und flötet ein letztes Mal Kuckuck, bevor es einschläft und sich in Kreissägenlautstärke daran macht, die wohl leidlich vermisste schwarzwäldische Heimat in mannshohe Bretter zu zerlegen." – „Also ganz ehrlich, Tantchen hin oder her, die Uhr muss weg!"

Ich war während der Erzählung komplett in mich zusammen gesunken und schaute sehr, sehr tief in meine Kaffeetasse, in der Hoffnung, auf deren Boden eine brauchbare Antwort zu finden.

Ach ja, die Uhr ist uns dann kurze Zeit später beim Putzen von der Wand gefallen.

Brief an den Weihnachtsmann

Lieber Weihnachtsmann, ich weiß, dass es sinnfrei ist, Dir einen Brief zu schreiben. Aber so kann es nicht weitergehen. Bist Du eigentlich im Bilde über das, was hier unten abgeht während der Vorweihnachtszeit. Keine Ahnung, wo Du Dich den Rest des Jahres rum treibst, die Sache mit der Nordpol-Datscha ist zwar ziemlich verbreitet, aber glauben kann ich es nicht wirklich. Schließlich bist Du doch eher der Genießer-Typ und es ist nur schwer vorstellbar, dass Du knappe zwölf Monate im ewigen Eis der Arktis den Weltmännischen raushängen lässt. Aber das ist ein anderes Thema, zurück zur Vorweihnachtszeit, dem Emotions-schaulaufen der Freien Marktwirtschaft.

Bis nach den Sommerferien ist eigentlich noch alles im Lot. Die Welt dümpelt vor sich hin. Hier und da ein paar Kriege, kleinere und größere Umweltskandale, Politiker mit eindrucksvoll krimineller Energie, ein paar Babyfunde in Kühltruhen und Kellerverließen und immer wieder Jugendliche im Dirty-Harry-Fieber – kein Grund zur Besorgnis. Aber sobald Ende September die Dominostein-, Marzipan- und Pfeffernuss-Pyramiden in den Supermärkten aufgetürmt werden, bläst das deutsche Volk zur Besinnlichkeitsattacke. Zeitgleich mit der neuesten Roger-Whitacker Weihnachts-CD wird es Männern und Frauen warm ums Herz. Binnen weniger Tage mutieren vormals klardenkende Menschen zu tannenbaumverrückten Lametta-Aliens mit Ich-vergebe-allen-Grinsen, die am liebsten die ganze Welt zu Tode verbrüdern möchten.

Die Weihnachtsmarkt-Budenbesitzer scharren bereits Anfang Oktober ungeduldig mit den Hufen. Ginge es nach ihnen, würden sie mit ihren notdürftig zusammen gezimmerten Hutzelhäuschen, die wie eine Mischung billigsten Baumarkt-Geräteschuppens und dem Ikea-Spielzimmerinventar „Trolland" aussehen, schon im Spätsommer die Innenstädte zupflastern. Aber Sie müssen bis November warten, bevor sie wieder von Flensburg bis Garmisch ihre Mischung aus Kitsch und Tradition vorgaukelndem Kunstgewerbe an die staunende Käuferschaft verhökern können.

Aber damit nicht genug. Zwischen all dem Tand aus Wachs, Holz, Stein und Metall buhlen noch Dutzende von Imbissständen und Getränkebuden um die Gunst der in Trance dahin wandelnden Weihnachtszombies. Seit Jahren fackelt jeder noch so kleine Hinterhofmarkt das komplette ethnische Gaumenfeuerwerk ab. Wohin man auch geht, überall schlägt einem ein Duftcocktail entgegen, der sämtliche Gerüche des Morgen- und Abendlandes zu einer einzigen zähen Melange verquickt, die Chancen hätte, in den Todeszellen einiger US-Bundesstaaten als Alternative zur Giftspritze Verwendung zu finden.

Falls Du also Deinen Job noch ein paar Jahre machen willst, halte Dich in puncto Weihnachtsmarktessen an die Devise meines Opas: „Solange ich nix von dem esse, wat Deine Omma kocht, habe ich noch ein langes Leben vor mir." Obwohl Deine himmlische Truppe zur Weihnachtszeit wohl eher auf Manna steht, dieses Fast-Food für Erleuchtete, oder?

Aber mal ehrlich, geht Dir unser Weihnachtsbrimborium nicht auch auf die Zwölf? Ich glaube, Du weißt genau, mit was ich mich hier rumschlagen muss. Wahrscheinlich hockst Du sogar abends abwechselnd bei Rupi oder Christl vor der großen Erdenglotze und Ihr lacht Euch bei einer satten Dosis Winterpunsch komatös, wenn ihr zum Beispiel mit anseht, wie ich letzte Woche auf die selbstmörderische Idee kam, mal schnell was einzukaufen.

Ja, ich weiß. Es war Mittwoch, es war Anfang Dezember und der von mir auserkorene Lebensmittel-Filialist gehörte zum Aldi-Imperium. Zugegeben, drei schwere Fehler auf einmal. Aber Hand auf den Heiligenschein, hat diese Episode nicht sogar Eure kühnsten Erwartungen übertroffen? Hier hattet Ihr Gelegenheit, den Erdenbewohner hautnah kennenzulernen. Dort, wo sich die Bestie Mensch zu Hause fühlt: beim Sonderangebotskrieg an einem vorweihnachtlichen Mittwochmorgen im Aldi-Markt. Da werden treusorgende Mütter zu eiskalten Killermaschinen und

Rentner mutieren zu nahkampferprobten Rambo-Kopien, die beim Sturmlauf auf die Regale sämtliche Gebrechen vergessen. Beim Schnäppchenrausch zeigt der Mensch sein wahres Gesicht. Von wegen Fest der Liebe, vor die Harmonie hat der Himmel die Bescherung gesetzt.

Du hast gut lachen, Du machst nur einmal pro Jahr für ein paar Stunden die Runde und hast noch nie hinter Palettentürmen Deckung gesucht oder vor propellerartig gedrehten Krückstöcken, messerscharfen dritten Zähnen und steinharten Wurfgeschossen aus der weihnachtlichen Backstube die Flucht ergriffen. Ich war dabei und mir war gar nicht weihnachtlich zumute.

Gegen Viertel vor Neun – genau genommen noch vor dem Aufstehen – steuerte ich auf den Eingang der Filiale zu. Hier erwartete mich bereits ein Szenario, dass ich so nur aus alten Filmen über Beatles-Konzerte kannte. Gut hundert Personen, denen ich im nachhinein die Bezeichnung Menschen abspreche, standen dichtgedrängt vor der Eingangstür. Jeder verteidigte seinen Platz und versuchte durch Schieben und Rempeln Boden gut zu machen. Auffällig dabei war, dass der Altersdurchschnitt deutlich im oberen Lebenserwartungssegment lag. Erst jetzt sah ich, dass der Laden noch gar nicht geöffnet hatte. Als naiv-amateurhafter Gelegenheitsshopper ging ich davon aus, dass bereits seit acht Uhr Einlass gewährt wurde und ich jetzt rasch meine Palette Milch kaufen könnte. Beim Umrunden des Menschenauflaufs erspähte ich den Grund für die morgendliche Erweckungsfeier. Auf großen Plakaten prangten in den Fenstern die Worte „Angebote der Woche". Die feilgebotenen Artikel hatten nicht im entferntesten etwas mit Lebensmitteln zu tun, sondern entsprachen eher Wunschzettel-Eintragungen. Vom DVD-Rekorder über monströse Großbildfernseher bis hin zu quäkenden, aus grob zusammen gezimmerten Kunststoffabfällen bestehende Keyboard-Imitationen reichte das Sortiment. In gebührendem Abstand zu den Sturmtruppen der „Grauen Panther" wartete ich geduldig auf das Öffnen der Türen. Sicher, ich hätte umkehren können, aber die Neugier, dieser Schlacht, die in wenigen Sekunden hier losbrechen würde, hautnah beiwohnen zu dürfen, war stärker als jede Vernunft. Und während ich noch die mannigfaltigen Trage- und Transportbehältnisse bewunderte, mit denen sich der Mob bewaffnet hatte, drehte auch schon eine kreidebleiche, angstschweißverklebte Verkäuferin mit zittrigen Händen den Schlüssel für die Automatiktür zum Paradies, um der ersten Schlachtreihe der „Aldianer" Einlass zu gewähren.

Unnötig zu erwähnen, dass dieser Blitzangriff unter infernalischem Getöse und lautstarken Beschimpfungen stattfand. Als endlich auch die letzten Wartenden im Innern des Ladens verschwanden, wagte ich mich einen Schritt näher an die große Scheibe heran. Die ersten Einheiten hatten bereits die weit hinten auf einer großen Freifläche zwischen Tiefkühltruhen und unempfindlichen Lebensmitteln aufgestellten Angebotspaletten erreicht. Unter dem Applaus von aus der Führung springenden Bandscheiben und sich verdickenden Leistengegenden, wuchteten spindeldürre Ruhegeldempfänger riesige Flachbildglotzen vor sich her und ich sah Frauen, die mit mehreren Keyboard-Lärmeinheiten gleichzeitig die ach so fernen Kassen zu erreichen suchten. Ein schier hoffnungsloses Unterfangen, da jedes Paket mindestens anderthalb Meter lang war und derart sperrig, dass sie bereits beim Versuch sich vom Angebotsstapel abzuwenden einige ihrer Mitstreiter übel in Brust- und Kopfhöhe erwischten und diese armwedelnd in Marmeladen- und Konservenregale krachten.

Sicherheitshalber verschob ich meinen Einkauf jetzt doch und fuhr in die Stadt, um dort mit dem kleineren Übel vorlieb zu nehmen. Den Ansammlungen unmusikalischer, talentfreier Kinder, die von ihren Erzeugern Jahr für Jahr genötigt werden, jede noch so kleine Nische des innenstädtischen Einkaufsparadieses zu bevölkern. Bewaffnet mit Blockflöten, Geigen und Trompeten starten sie einen adventistischen Generalangriff auf die Trommelfelle wehrloser Passanten, dass man glaubt, die Englein hosiannern zu hören.

Und das, rotwandiger Sackträger, sind nur einige der Torturen, denen ich Jahr für Jahr ausgesetzt bin. Ich erwähne hier gar nicht die zahlreichen Verkäuferinnen, die entweder aus Übermut oder gezwungen von erbarmungslosen Filialleitern neckische Nikolausmützen tragen, während sie mich bedienen. Oder die Milliarden schlecht verkleideter Weihnachtsmänner, die bewaffnet mit Schlitten und Polaroidkameras vor den Geschäften lauern. Dort entreißen sie den sowieso schon überforderten Kleinkindeltern die Brut, zerren das heulende Bündel auf ihren Arm oder drapieren es auf dem Schlitten. Und ehe Mama oder Papa überhaupt Einwände erheben können, zieht der Nikolaus schon ein erschreckend schlechtes Sofortbild des brüllenden Kindes aus seiner Kamera und raunzt mit versteinerter Miene: Zehn Euro! Um des eigenen Nachwuchses wieder habhaft zu werden, bezahlen viele diese erpresserische Summe, nur um an der nächsten Ecke dem nächsten bärtigen Wegelagerer in die Arme zu laufen.

Verstehst Du, mir reicht es. Ich habe von dieser Art Weihnachten die Nase gestrichen voll. Schenk' diesen Typen ein für allemal die finale Erleuchtung, schick' sie von Ende Oktober bis Heilig Abend in ein freundlich-wohliges Wachkoma oder verpass' ihnen für diese Zeit eine nicht enden wollende Mammut-Seifenoper. Droh' ihnen mit „Gute Zeiten, Schlechte Zeiten" auf dem „Marienhof", bei denen sie „Unter uns" meinetwegen auch von „Dr. Stefan Frank" betreut werden, der sie ins „Dschungelcamp" einweist und erst nach Weihnachten durch „Notruf" vom „Medicopter 117" in der „Lindenstraße" aufwachen lässt, wo sie dann „Schwester Stefanie" zu „Deutschlands Supertalent" erklärt und sie zur Belohnung eine Einführung in die „Verbotene Liebe" bekommen.

Falls Du aber keinen dieser Wünsche erfüllen kannst, dann besorg' mir wenigstens die Telefonnummer einer Aldi-Verkäuferin, die mich bei den nächsten „Angeboten der Woche" kurz vor Kriegsbeginn durch die Hintertür in den Laden schleust, denn auch ich brauche noch ein paar günstige Weihnachtsgeschenke.

Die Karawane zieht weiter, den Jecken reichts

Jedes Jahr ist es wieder soweit. König Karneval belädt allerorten die Kamellekanonen und setzt zum gezielten Blattschuss auf die deutsche Fröhlichkeit an. Schließlich wird neben den Karnevalshochburgen Köln, Düsseldorf, Mainz und Aachen, auch in unseren Breiten der Karneval, oder besser gesagt das, was einige hier dafür halten, mehr als penetrant zelebriert. Bei der Verbreitung dieser jecken Tradition im guten alten Kohlenpott sind besonders die Wirte der zahlreichen Kneipen zu nennen, die jedes Jahr den schnöden Gott Mammon rufen hören und unter größter Energieverschwendung auf den Narrenzug aufspringen.

Was allerdings speziell in Bochum viele Betreiber gastronomischer Begegnungsstätten bis vor einigen Jahren unter Karneval verstanden, gab schon Anlass zur Besorgnis. Da wurden Jahr für Jahr kilometerlange Luftschlangen-Lianen völlig unkoordiniert durch die Schankräume gehängt, häufig in Kombination mit der Verteilung von Pappnasen und blau geringelten Matrosen-T-Shirts an die an solchen Tagen aus mir unerfindlichen Gründen meist freiwillig zapfende und kellnernde Belegschaft. Der einzig nennenswerte Unterschied zu anderen Tagen ist neben dem Verunstalten von Lokalität und Personal lediglich das Fehlen normaler Gläser, die vor der zu erwartenden überschäumenden Stimmung sicherheitshalber gegen Kunststoffbecher ausgetauscht werden. Diese verschönernden Umbaumaßnahmen des Kneipenmillieus haben natürlich ihren Preis. Wer in Bochum in diesen letzten Jahren am Rosenmontag dabei sein wollte, hatte an der Tür bereits einen Obolus von 20 bis 50 Deutschen Mark zu entrichten, ohne den ihm die Narrengenehmigung erst gar nicht erteilt wurde. Schließlich hat Witzigkeit in Bochum ihren Preis. Hatte man als angehender Karnevalist bei derartigem Geschäftsgebaren immer noch nicht die Lust auf Amüsement verloren und seinen Faschingszehnten zähneknirschend locker gemacht, stand der großen Party nichts mehr im Wege. Ein bis zwei kräftige und natürlich ebenfalls ausgefallen kostümierte

Fleischberge (Pappnase und blaues Matrosen-Ringelshirt), drängten den Fröhlichkeitssuchenden gewaltsam ins Zentrum der karnevalistischen Ausgelassenheit. Quetschen wäre in diesen Fällen eigentlich ein weitaus treffenderer Ausdruck, da das Innere der Kneipen häufig derart beängstigend mit Schunkelwilligen gefüllt war, das dagegen die Unterbringung von Ölsardinen schon fast Penthouse-Charakter hatte. Aber selbst diese extrem beklemmende Situation bildete noch nicht den Höhepunkt ruhrgebietsmäßiger Gastronomie-Karnevalistik. Hier drinnen, im Vorhof der Heiterkeitshölle, wurde man außer vom immensen Lärm und einer beträchtlichen Zahl hochgradig Betrunkener zusätzlich von einer unerträglich lauten Musiklawine überrollt, die selbst eingefleischt ecstasy-verseuchten Techno-Teenies die Trommelfelle vibrieren ließen.

Als Neuling konnte man sich vorsorglich darauf einrichten, dass sich ein Gröhlmedley aus „Marmor, Stein und Eisen bricht", dem nicht wegzudenkenden „Pferd auf'm Flur", mehreren Gläschen „Eisgekühlten Bommerlunders" und der nie ihr Ziel verfehlenden „Polonäse Blankenese" in schöner Regelmäßigkeit den ganzen Tag über abwechseln würden. Natürlich häufig überstimmt von einer ausgelassenen Schar Karnevalisten, die zwar mit mäßiger, aber dafür äußerst kräftiger Stimme die eingängigen Refrains mit brüllten und sich gleichzeitig in irrwitziger Geschwindigkeit und vorsätzlich voll laufen ließen. Das verstand man bei uns jahrelang unter Karneval.

Erfreulich fand ich dann im ersten Euro-Jahr, dass sich die weltberühmte Bermuda-Meile am Rosenmontag partout nicht in ausreichender Zahl mit Feierwilligen füllen wollte und die Herren Kneipiers weder horrende Eintrittspreise noch galaktische Umsätze einstrichen. Scheinbar durchschauten diesmal endlich auch die größten Trottel den alljährlichen Schunkel-Nepp und vergnügten sich lieber entlang von Rhein und Main. Die paar Versprengten, derer man hier ansichtig wurde und die krampfhaft versuchten, das karnevalistische Erbe Bochums hochzuhalten, durften sich meines tief empfundenen Mitleids sicher sein. Wir sind nun mal kein Helau- oder Alaaf-Zentrum. Und obwohl ich einer der wenigen natürlichen Feinde des Karnevals bin, möchte ich hier eine Lanze für die Narrenzentren der Republik brechen. Sicherlich verstecken sich auch dort viele Biedermänner unter dem Deckmantel der Heiterkeit und geben mit Nerv tötender Penetranz die Parole Heiterkeit aus. Und bestimmt gibt es auch dort zahlreiche Herren, die sich im karnevalistischen Übermut in erschreckender Direktheit der weiblichen Anatomie nähern. Aber im Großen und Ganzen kann man dort zumindest von Karnevalsstimmung sprechen.

Bereits an Altweiberfastnacht sind die dortigen Innenstädte von ausgefallen kostümierten Menschen bevölkert, auf zahlreichen Bühnen schunkeln und tanzen Prinzenpaare und die regionalen Stimmungskanonen bombardieren die Vergnügungswilligen mit alten und neuen Karnevalshits. Alkohol wird natürlich auch hier getrunken, aber die Geselligkeit und der Spaß am Karneval stehen eindeutig im Vordergrund. Kein Altstadt-Kneipier in Köln, Düsseldorf, Aachen oder Mainz käme auf die Idee, Eintritt zu kassieren oder Rausschmeißer zu beschäftigen. Die Atmosphäre ist in diesen Städten einfach eine völlig andere. Und das liegt nicht daran, dass die Wirte hier nicht auch verdienen wollen, sondern dass diese Gegenden auf eine langjährige Tradition zurückblicken können. Wer dort lebt, ist mit dem Karneval groß geworden und sieht wesentlich mehr darin als nur einen fadenscheinigen Grund sich sinnlos zu betrinken und sich wie eine offene Hose zu benehmen. Ausnahmen gibt es natürlich auch dort, aber die bestätigen in diesem Fall nicht nur die Regel, sondern sind zudem deutlich in der Minderheit.

Daher möchte ich den Bochumer Kneipiers heute noch einmal aufmunternd zurufen: Lasst den Karneval dort, wo er hingehört und versucht nicht, aus einer Tradition, die wir nicht haben, Kapital zu schlagen. In diesem Sinne, Helaaf und Alau!

Die Whiskyprobe
(Nach einer Vorlage und mit freundlicher Genehmigung von Jochen Malmsheimer)

Lambert: „Herzlich willkommen, meine sehr verehrten Damen und Herren hier auf RTL plus-minus, in Kooperation mit SAT1 und HUNGRIG zwo zum ARD-Ratgeber ZDF mit dem Thema: „Essen und Trinken für die, die's nicht können", heute aus dem kleinen Sendesaal in Groß-Gerau.
„Whisky – bei eingehender Betrachtung im auslaufenden Jahrzehnt auf dem Weg wohin?" Das ist heute unser Thema und wir wollen Ihnen einige namhafte flüssige Goldwässerchen vorstellen und natürlich ein wenig vor- und ver- und damit auskosten. Mein Name ist Lambert Lombard-Lambert und mit mir im Studio ist Herr Dr. Holzapfel, guten Abend Dr. Holzapfel ..."

Dr. Holzapfel: „Guten Abend Herr Lambert ... äh ... Lombard"

Lambert: „Lombard-Lambert, Herr Dr. Fassapfel!"

Dr. Holzapfel: „Holzapfel, Herr Lambert ..."

Lambert: „Lombard-Lambert ..."

Dr. Holzapfel: „Ach ja ... Guten Abend allerseits"

Lambert: „Herr Fassholzer ..."

Dr. Holzapfel: „Fassapfel ... äh ... Holzapfel, Dr. Holzapfel?"

Lambert: „Verzeihung, Herr Doktor Holzapfel. Sie als „Meister des Glases" und zweifellos Mit-Glied der angesehenen deutschirischen „Gesellschaft zum Trinken in Gesellschaft" sind ein ausgewiesener Vertreter ..."

Dr. Holzapfel: (protestiert) „Ich wohne immer noch in Deutschland ...“

Lambert: „... ja ein Kenner der internationalen Whiskyszene und mit allen Varianten und Jahrgängen vertraut und mit ebenso vielen Quellwassern gewaschen – Was haben Sie uns denn heute Abend Schönes mitgebracht?“

Dr. Holzapfel: „Verzeihung, ich dachte, Sie und die Redaktion kümmerten sich um ...“

Lambert: „Natürlich, entschuldigen Sie ...“

Dr. Holzapfel: „Bitte.“

Lambert: „... wir haben auf Ihr Geheiß einige der berühmtesten Whiskysorten mit ins Studio gebracht und wollen sie nun gemeinsam einer strengen Prüfung unterziehen.“

Dr. Holzapfel: „Ge-nau.“

Lambert: „Richtig, womit genau wollen wir denn beginnen?“

Dr. Holzapfel: „Lassen Sie uns doch die Verkostung mit einem eher unbekannten Tropfen aus den Niederungen des Hochlandes beginnen. Ich habe hier einen 10 Jahre alten „Better than nothing“, einen rassigen Scotch-Whisky aus Stone-stop in der Nähe von Glas-gow. Dieses Gebräu verfügt über erstaunliche 54 Volumenprozent Alkohol pro hundert Kilometer, natürlich im Vakuum und auf Meereshöhe gemessen!“

Lambert: „54 Prozent ... oha!“

Dr. Holzapfel: „Jaja, immer schön vorsichtig! – Cheers!“

Lambert: „Bitte, ach ja … Prost auch."
(Lambert trinkt aus, Dr. Holzapfel spuckt nach dem Kosten aus)

Dr. Holzapfel: „Sie müssen danach ausspucken."

Lambert: „So schlecht fand ich den jetzt gar nicht."

Dr. Holzapfel: „Nein, wegen des Alkohols."

Lambert: „Wenn Sie meinen, das hilft, gerne." (spuckt nach lautem Nasehochziehen auf den Boden) Ich spür's schon, es wirkt!"

Dr. Holzapfel: „Und, wie beurteilen Sie diesen Tropfen?"

Lambert: „Er schmeckt … zäh … ö … nach Wolle, nein, nasser Wolle … oder wie eine Badehose mit zu hohem Lycra-Anteil … oder so."

Dr. Holzapfel: „Gut, aber nicht differenziert genug, gehen wir ins Detail …

Lambert: „Wo immer Sie hin müssen …"

Dr. Holzapfel: „Zunächst der Alkoholgehalt: Messbar, anschlagend bis brennend, der Lackmustest zeigt aufziehenden Schwindel, alles in allem also ein Whisky von befriedigender Wirksamkeit. Nun zum Körper …

Lambert: „Ich weiß, ich sollte etwas mehr auf mich achten …"

Dr. Holzapfel: „Dieser Whisky kommt fleischig daher, schwerfällig, ja hinkend, er hat Haltungsschäden, er schwammerlt, ist behäbig und kommt leicht ins Schwitzen, besonders wenn's bergauf geht, alles in allem eher pyknisch …"

Lambert: „... ich nehm´ noch ʼnen Schluck (trinkt), ... jetzt schmeck´ ich's auch, ganz klar pyknisch. Erstaunlich, was die alten Pykten ...!"

Dr. Holzapfel: „Schön, dass Sie es auch merken."

Dr. Holzapfel: „Jetzt zu Abgang, Länge und Harmonie ... Zu bemerken ist ein deutlich taumelnder Abgang bei mittlerer Länge und körpersatter Harmonie, ein polierter Abschluss, somit ein erfreulicher Charakter, nicht wuchtig, nicht rauh, nicht kiesig, wenig schmirgelnd, er morchelt nicht, eine richtig ovale Sache."

Lambert: „Find ich auch, ... oval, mit taumelndem Absprung!"

Dr. Holzapfel: „Gang!"

Lambert: „Jawoll, Gangabsprung."

Dr. Holzapfel: „Und jetzt zu unserem zwoten Kandidaten, einem waschechten Irish Single-Malt Whisky. 16 Jahre lang in Eiche gereift, bis er für gut befunden wurde seinen Weg hinaus in die Welt anzutreten. Ein äußerst kraftvolles und torfiges Exemplar, das auch im Dreikampf, also im Saugen, Schlürfen und Schütten, eine gute Figur macht. Die Farbe ist ein tiefes Goldbraun, schlierig im Nahbereich, leuchtend bei Fernlicht, der Whisky atmet hörbar ...

Lambert: (hält das Glas ans Ohr): „Ich hör' gar nix!"

Dr. Holzapfel: „... er sträubt sich nicht, bleibt wartend im Glase, ja er lächelt gar, freigesetzte Aromata vermengen sich aufs trefflichste: hier ein wenig Pfirsich, dort eine Spur eingelegter Gurke, hier ein Quäntchen Rosmarin und Liebstöckel ..."

41

Lambert: (begeistert das Glas vor den Augen drehend) „Ich kann es sehen! Ich kann es sehen!"

Dr. Holzapfel: „Jaja, zum Wohle!"

Lambert: „Genau dahin!"
(beide trinken, Lambert etwas länger und in vollen Zügen)

Dr. Holzapfel: „Aaaahhhh, zu schade zum Ausspucken, gleich noch ein Schlückchen hinterher, das rundet!"

Lambert: (nimmt auch noch einen) „Ge-nau! Lecker! Und keine Spur vom Röcheln ... oder so, er ... flutscht!"

Dr. Holzapfel: „Das ist zwar terminologisch etwas schwammig, trifft aber den Kern, die geschulte Zunge und der erfahrene Gaumen bemerken ein geschmeidiges Durchlaufen, ein geschwindes Umspülen, ein seidiges Umsausen der Zäpfchenwurzel und des Zungengrundes ..."

Lambert: „Eben! Sag ich doch!"

Dr. Holzapfel: „... körperschwer und vollsaftend, ein quirliges Purzeln und tanzendes Verströmen, dabei immer sittsam und tugendhaft, nicht pöbelnd, wie ein junger No-Name aus dem Supermarkt-Regal, nein, aromasatt isser und zeigt uns, was er kann, gar nicht schüchtern, wie so mancher Blended, nicht lamouryant wie viele billige Fusel, nein freigeistig und lodernd, wie Schiller in den Jahren seiner Dichterwerdung ...

Lambert: „... Dichter-werdung, vö-llich rich-tich! Seh' ich genau-so! Dicht ist wichtig! Obwohl ich, Sie entschuligen bidde, doch glaube, ein leichtes Mitrumpeln bemerkt zu haben, ich hatte den Eindruck, er knöttert so ein bisschen ... nach dem ... ö ... Auswurf ... äh ... Abwurf ..."

42

Dr. Holzapfel: „Das ist so verkehrt nicht, der Fachmann spricht dabei allerdings von „Brillern" oder „Murmeln", „Knöttern" umschreibt eher das „Hollern", der Whisky hollert, wenn er knöttert und dieser Whisky hollert nicht, er murmelt vielleicht ein wenig im Abrutschen, das aber wird von einem ausdauernden Zwieseln im Spülgang sauber aufgefangen!"

Lambert: „Na, Gott sei Dank, aufgefangen! Wie steht's nunn aber mit dem Körper? Ist der da?"

Dr. Holzapfel: „Feinnervig und gestählt, trainiert aber nicht faserig, gelassen und erfahren, anwesend aber nicht lastend, einer Ballerina gleich, welche sich im Spitzentanz den Schlund hinunter pirouettiert, kein Whisky, nein, ein engelsgleicher Gesang!"

Lambert: (singt) „Ein Prooosit, ein Prooosit … der Gemütlich …!"

Dr. Holzapfel: „Herr Lombard-Lambert, ich habe hier …"

Lambert: (begeistert) „Nocheinn!"

Dr. Holzapfel: „Ge-nau."

Lambert: „Schbidse! Meine sehr verehrdn Damenundherrn, wir bieten Ihnen heute wahrlich eine Menge an Inwormadzion, sollten Sie Redseptwündsche oder Phrasen haben, den Inhalt der heutigen Sendung und der mitgebrachten Flaschen betreffend, so scheuen Sie sich bidde nich, unserer Hottlein einen phrangierten Rüggumschlag zuzusenden, der auch eine Adresse aufweisen muss oder rufen Sie einfach Ihr ausreichend frankiertes Postamt an …!"

Dr. Holzapfel: „Ich habe hier noch einen 30 Jahre alten schottischen Lowland-Malt, einen von illegal eingewanderten indisch-hinduistischen Bet-Schwestern durch handbemalte Seidensaris gefiltertes Raritätengebräu, dass sich mit hochtoxischen 76 % Alkohol auf die Koma-Waage wirft. Ein Whisky, der nur in Monaten mit „K" hergestellt wird oder an islamischen Feiertagen mit Vokalüberhang. Direkt nach dem Brennen kommt er zur Zwischenlagerung in alte Senffässer, um später in Aluminiumtanks abgefüllt zu werden, in denen vorher mindestens 12 Jahre lang gar nichts oder aber Königsberger Klopse in einer herzhaften Kapernsoße vor sich hin moderten. Daher die erfrischenden Kaliaromata mit Bromeinsprengseln und die tieftrübe schieferbraune Färbung."

Lambert: „Mmmmühhnnmmll."

Dr. Holzapfel: „Was haben Sie gesagt, Herr Lambert?"

Lambert: „Hab' ich auch nicht verstanden ..."

Dr. Holzapfel: „Zum ..."

Lambert: „Runnter damid!"

Dr. Holzapfel: „... Wohlsein."
(beide trinken, Lambert stürzt das Getränk wie immer herunter)

Lambert: (begeistert) „O-ha, der spielt aber satt in's Allgemeinwohl, 'tschulligung, der zwiebelt aber im Aufguss zur Abfahrt, oder im Abschwung, beim Ablass, oder beim Teufel und wie der sintert, nicht von schlechten Paten, ich schmeck's rauuuus, ich schmeck's rauuuus, er ... Moment (nimmt noch einen Schluck) ..., er rödelt ein wenig am Eingang, nein ..., er muffelt in der Nasennebenhöhle, dann rappelts ein bisschen am Gaumensegel aber es schlotzt sich, der Körper ist siech, blasig, die Säure seift, er ...""

Dr. Holzapfel: (ebenfalls mit Begeisterung) „.. ja, sehr gut, sehr treffend, er scheitert bereits im Ansatz zum Aufschwung, die Konsistenz griesig bis griebig, strömt er dann am Zahn vorbei, bepelzt diesen und der Gaumen trocknet schindelig, die Zunge verholzt, das Zäpfchen verzieht sich in die Kieferhöhle, die Speiseröhre würmelt angewidert und der Pförtner schließt beleidigt den Magen!"

Lambert: (mit Emphase) „Dassisses! Da ist ein zu starkes Zöpeln, ein deutliches Scheppern, ein Bratzen, zum Brechen, das ritzelt und spannt. Diese Miege hat einen fürchterlichen frühkindlichen Torfkomplex, deshalb hobelt er und es rempelt und zwikkelt und hampelt, das ist nicht zum Trinken, allenfalls zum Einreiben von Möbeln oder Treppengeländern aus Aluminium fallera, haha, oder zum Beizen, oder zum Heizen oder um darum mit dem Nachbarn zu geizen ..."

Dr. Holzapfel: (irritiert) „Herr Lambert, beruhigen Sie sich doch, der Whisky schmeckt wirklich nicht gut, das ist ja wahr, aber ..."

Lambert: (irrsinnig) „Männer und Frauen draußen an den Gerätschaften und hier im Studium, nie ward eines Mannes Schlund zwischen seinen Zähnen so gefoltert. Holt die Gaumensegel nieder, fockt die Brassen, Besan öffne dich, wie viel Glasen kann ein Mensch von diesem Höllentrank vertragen ..."

Dr. Holzapfel: „Lambert, so beruhigen Sie sich doch ..."

Lambert. „Nimmermehr, die Sunge im Munde ist mir verätzt, Sahneträger, eine Bahre, dahingerafft werd' ich ... (wird leiser und sabbelt vor sich hin) ich bin tot, ich bin rot, ich bin Brot, ich bin Kot, ich bin ein Schlot, ach Zapperlot, ich komm ins Lot und werd' Pilot ... (lächelt) ich wär gerne Pilot lalalalalala!" (sinkt auf den Tisch)

Dr. Holzapfel: (unschlüssig) „Öh, eine kurze Frage an die Regie, ... äh ... wie soll ich, was soll ich ..."

Regie aus dem Off: „Sagen Sie irgendwas und übergeben sie dann an die Nachrichten!"

Dr. Holzapfel: (verstört) „Ich sage also: Irgendwas und übergebe mich nach den Nachrichten? ... Vielen Dank für Ihr Auf- und Abmerken, meine sehr verehrten Zuschauerinnen und Zuschauer und, bitte, schalten Sie auch nächste Woche bloß nicht wieder ein beim ARD-Ratgeber ZDF, dann aus den RTL-Studios bei Pro7 in Köln zum Thema „Backen ohne Fett und Häkeln ohne Wolle ... oder Vollkost für Halbwaisen und Rohkost für Halbgare ... oder was weiß ich, hoffentlich für mich auf nimmer Wiedersehen! Guten Abend."

Eine Neue ist in der Stadt

Eigentlich habe ich mir das Kopfschütteln über die Kuriositäten des täglichen Lebens komplett abgewöhnt. Früher konnte es mir noch passieren, dass ich den Zeugen Jehovas an einem Sonntagmorgen um sieben vor meiner eigenen Wohnungstür in ruhigem und freundlichem Ton klarmachte, dass ich jetzt nicht daran interessiert sei, mit Ihnen ein wenig über Gott zu reden.

Auch die lächerliche Angewohnheit Rechnungen binnen drei Tagen zu bezahlen, habe ich mir in jahrelangem harten Training erfolgreich abgewöhnt. Das Gleiche gilt für keifende, sich an Supermarktwursttheken vordrängelnde alte Weiber, die ich während meiner Twen-Zeit noch freundlich auf ihr unverschämtes Vergehen hinzuweisen versuchte. Seit geraumer Zeit werden sie von mir ebenso gnadenlos angeraunzt, wobei ich mir auf Grund meiner Größe und deutlichen Gewichtsvorteilen zudem erlaube, ihnen meinen rappelvollen Einkaufswagen ordentlich in die Hacken zu rammen. Und ich würde lügen, wenn mir der heulend-humpelnde Rückzug dieser garstigen alten Vetteln nicht immer noch einen wohligen Schauer der Zufriedenheit über den Rücken treibt.

Aber trotz all dieser antrainierten Abgebrühtheit gibt es noch Erlebnisse, die mich faszinieren. So zum Beispiel, als meine Frau mir in ihrer sympathisch-charmanten Art mitteilte: „Wir gehen heute Abend in die Kaiserin!" Im ersten Moment war ich schockiert und dachte an einen von Adligen frequentierten Swingerclub. Die Sorge um die Befindlichkeit der Gattin wurde aber umgehend zerstreut, als sie mir mitteilte, dass es sich bei der Kaiserin lediglich um eine neue Bochumer Diskothek handelte.

Meine Begeisterung hielt sich jedoch auch nach diesen klärenden Worten in engen Grenzen, da ich mit Diskotheken etwa genauso viel anfangen kann wie Verona Poth mit deutscher Grammatik. Mein einziger Disco-Besuch geht zurück auf das Jahr 1982, als ich zum Ende meines Wehrdienstes von meinen lieben Kameraden in äußerst spektakulärer Schräglage in einen 100 qm großen Kellerraum in der Innenstadt von Delmenhorst verschleppt wurde, um bei extrem lauter und grässlicher Musik meinen bevorstehenden Abschied aus dem Staatsdienst zu feiern.

Da meine Frau mich aber in all den Jahren nie genötigt hatte, nochmals einen dieser Schunkelbunker aufzusuchen, wollte ich das Entgegenkommen würdigen und willigte ein. Außerdem sollte es sich bei der zu besuchenden Kaiserin um eine in Europa völlig neuartige Diskothek handeln, die ganz im Geiste der asiatischen Architekturlehre "Feng Shui" konzipiert worden war. Mit gemischten Gefühlen erwartete ich den Abend.

Da ich was Kleidung betrifft, eher ein Vertreter des Marlboro-Looks bin, trotzdem aber nicht Gefahr laufen wollte, bereits an der Eingangstüre des Vergnügungstempels von hirnlosen Muskelbergen des Feldes verwiesen zu werden, entschied ich mich schweren Herzens für das für Notfälle im Schrank befindliche Hochzeits-Konfirmations-Beerdigungs- und Vorstellungsgesprächs-Ensemble. Eine Kombination in zeitlosem schwarz, die mich binnen Minuten zu einer äußerst frackwürdigen Erscheinung mutieren ließ, und in der ich von einem besseren Herrn kaum noch zu unterscheiden bin. Die Liebste an meiner Seite war sich ebenfalls der Außergewöhnlichkeit der Situation bewusst und kleidete sich in einen eleganten, modisch geschnittenen Hosenanzug.

Als ich von uns beiden einen flüchtigen Blick im Spiegel erhaschte, kam mir unwillkürlich die Erinnerung an eine alte Vorabendsendung in den Sinn: Hart aber herzlich, die seichten Geschichten um den gutaussehenden Selfmade-Millionär Jonathan Heart und seine nicht minder attraktive Ehefrau. Auch diese beiden tauchten ständig in nicht zu ihnen passenden Garderoben an Orten auf, an denen sie nichts verloren hatten. Meine für diesen Abend polierte und chromblitzende Armbanduhr zeigte fast 0.00 Uhr, was nach Auskunft meiner Gattin die früheste vertretbare Zeit für einen Discobesuch war.

Bereits einige hundert Meter vor unserem Ziel reihten wir unseren Wagen beherzt in eine Karawane gleichgesinnter Discofans aus allen Teilen der Republik ein und überwanden die restliche

Strecke in gemütlichem Schneckentempo. Ein Parkplatz war schnell gefunden und zwischen etlichen ähnlich gestylten Gestalten, die vom Alter her allerdings um mehr als eine Dekade hinter uns lagen, erreichten wir das großzügige Eingangsportal, an dem man uns beiden je eine aus Parkhausautomaten bekannte Chipkarte überreichte, auf der in güldenen Lettern der in Brillanz und Sprachwitz nicht zu übertreffende Slogan prangte: Die Kaiserin setzt dem Ruhrgebiet die Krone auf.

Belustigt ob des grandiosen Wortspiels ließen wir die verstört blickenden Türdamen hinter uns und betraten leichtfüßig und aufgeräumt den Tanzpalast. Wir waren bereit für die weiteren Höhepunkte des Abends. Und soviel sei vorweggenommen, wir wurden nicht enttäuscht.

Auffallend war die völlig runde Form des Gebäudeinneren. Einen breiten Durchgang benutzend, betraten wir das Zentrum der neuartigen Rhythmus-Kathedrale. Schlagartig umhüllte mich fast völlige Dunkelheit und bevor sich meine alten Augen noch an das nur spärlich vorhandene Licht gewöhnen konnten, stolperte ich bereits über eine kleine Stufe und schlug punktgenau im Rücken einer jungen Dame ein, die lässig auf einem Barhocker thronte. Sie kommentierte meine unfreiwillige Attacke mit den markigen Worten: „Eh, Alter, nich' von hinten und schon gar nich' hier."

Ich entschuldigte mich wortreich und setzte meine Entdeckungsreise vorsichtiger geworden fort, wobei mich meine Frau jetzt sicherheitshalber an die Hand nahm. Wir befanden uns am Rande eines Rondells von gut 30 Metern Durchmesser. In der Mitte, etwas tiefer gelegt – was vielen der optisch Opel-affin wirkenden männlichen Anwesenden sicherlich entgegenkam – befand sich die Tanzfläche. Darüber ein monströser Baldachin aus hunderten von Scheinwerfern, Glitzerkugeln, Stroboskoplampen, Nebeldusen und bunten Drehscheiben, die ausreichten, um ein Open-Air-Konzert der Stones eindrucksvoll zu illuminieren. An den weitläufigen Rundungen der Wände befanden sich drei Bars samt Tresen sowie der offene Eingang zu einem kleinen Bistro, dessen Gemütlichkeit und Charme nur knapp hinter der Eleganz der

Bochumer Bahnhofstoilette (vor dem Umbau) rangierte. Begeistert aber war ich neben den Getränkepreisen von der Art und Weise des Kassierens. Nachdem ich dem übertrieben lächelnden Mundschenk unsere Getränkewünsche mehrfach in Ostkurvenlautstärke entgegen gebrüllt hatte, nahm er meine Parkhauskarte, führte sie geschickt in einen übergroßen Taschenrechner ein und tippte ein paar Zahlen. Danach erhielt ich die Karte samt Getränken zurück und war, ohne mein Portemonnaie auch nur berührt zu haben 18 Euro los.

Betont lässig schlenderten wir zu einem der wenigen Stehtische, um uns noch intensiver dem bunten Treiben zuzuwenden. Mittlerweile war es 1.30 Uhr und wie auf ein unsichtbares Zeichen hin wurden immer mehr Menschen in das Innere der Kaiserin geschwemmt. Auffällig war dabei der große Anteil männlicher Besucher, die in nicht zu kopierender Coolness und grundsätzlich in 3-er Gruppen die Arena betraten. Nach genauem Hinsehen stellte ich fest, dass das Hemd des Discogängers von Welt maximal drei Knöpfe besitzt. Man beginnt sie erst ein gutes Stück unterhalb der Brust zu schließen, damit den Damen freier Einblick auf teilweise imposante Brusthaar-Flokatis geboten werden kann. Ich war mir sicher, dass bei einigen der Anwesenden, sollten sie in diesem Sommer nur mit einer Badehose bekleidet in einem Schwimmbad auftauchen, umgehend die Greenpeace-Abteilung zur Rettung der Pelztiere in Aktion treten würde. Gekrönt wurde die haarsträubende Aussicht oft von altargroßen, an Hässlichkeit kaum zu überbietenden Gelbgoldkreuzen oder fingerdicken Panzerketten, die den Trägern eine vorgebeugte, glöcknerhafte Haltung verliehen. Auffällig waren außerdem die bis weit über den Garpunkt verbrannten Gesichter, deren mutwillige Zerstörung eindeutig auf den unvorschriftsmäßigen Gebrauch von Sonnenbänken zurückzuführen waren. Aber offensichtlich waren viele Männer bereit, für dieses Schönheitsideal Opfer zu bringen.

Beeindruckend zudem die Tonnen von Haargel, die sich auf den Köpfen dieser Mannsbilder befanden. Meinen groben Schätzungen nach zu urteilen, reichten allein die hier verwendeten Mengen aus, um den Quartalsumsatz namhafter Kosmetikhersteller in die Gewinnzone zu katapultieren. Danach galt mein Blick den unzähligen Damen, die sich hier in teilweise sehr provokanter Form zur Schau stellten. Neben einer beträchtlichen Zahl echter und falscher Blondinen fielen mir besonders die erschreckenden Körperformen auf, die sich hier versammelt hatten. Bei einem Großteil der anwesenden Frauen ist es im Nachhinein betrachtet eher freundliches Entgegenkommen überhaupt von Körpern zu sprechen. Dort verteilten sich großflächige Hautfetzen über bis zu imposante 1,80 m große Skelette, die lediglich durch ein Mindestmaß an Fleisch- und Muskelunterfütterung dazu befähigt schienen, die für den täglichen Bedarf benötigte Energie aufzubringen um die, so hoffte ich, ebenfalls in diesen menschlichen Hüllen verborgenen Organe mehr schlecht als recht am Leben zu halten. Die meisten dieser flach atmenden Kohlenstoffeinheiten hatten die 20-Lenze-Marke garantiert noch nicht überschritten und bei manchen sah ich auch kaum eine Chance, dass es dazu kommen sollte. Auf mich wirkten sie, als warteten sie auf einen Fototermin für das neue "Afghanistan muss leben"-Plakat der Weltgesundheitsorganisation. Ihre salzstangendünnen Beinchen waren in knatschengen Röhrenhosen versteckt, die selbst in der kleinsten Größe noch wie aufgeblähte Fahnen um die unteren Extremitäten wehten. Fast immer steckten die Füße in coladosenhohen Plateauschuhen, durch die der sowieso schon roboterhafte Gang noch deutlich verstärkt wurde.

Neben dieser übermächtigen Bulemiker- und Anorexie-Fraktion tummelten sich im Tanztempel aber auch einige eher meiner Gewichtsklasse zuzurechnende Damen. Auffällig bei dieser Gruppe war das scheinbar völlig abhanden gekommene Gespür für Geschmack. Knallenge Jeans in schreienden Farben spannten sich über beeindruckende Heckanatomien und hauteng und zudem nabelfreie Ringelshirts versuchten zusammen mit kurz vor der Detonation stehenden Bodies in den abenteuerlichsten Dessins gewaltige Fleischmassen im Zaum zu halten. In einigen Fällen lugten imposante Arschgeweihe aus den bei dieser Enge zwangs-

51

läufig entstehenden Freiräumen zwischen Shirt und Hose hervor. Als sich eine Gruppe dieser weiblichen Zeitbomben immer heftiger bewegend in Richtung Tanzfläche begab, griff ich das Schlimmste befürchtend nach meiner Frau und wir brachten uns hinter einer Säule in Sicherheit.

Um Missverständnissen vorzubeugen, ich bin der letzte, der sich über beleibte Menschen lustig macht, aber ich käme selbst im stark angetrunkenen Zustand nie auf die Idee, mich in Radlerhosen zu zwängen, quer gestreifte T-Shirts zu tragen oder mir gar eine Latzhose überzustreifen, nur weil es irgendein Trend verlangt.

Trotz allem wurde gebalzt, dass es eine Art hatte. Und neben zeitlosen Klassikern, wie "Eh, kennen wir uns nicht irgendwoher", drangen auch einige mir unbekannte, aber nicht minder unoriginelle Anmachsprüche durch den wummernden Bassnebel an mein Ohr. Bemerkenswert dabei die Äußerung eines jungen Mannes, der seinen Freund entgeistert fragte, ob seine Perle ihn tatsächlich nur deshalb nicht mehr liebe, weil er zweimal fremd gegangen sei. Die Zeiten scheinen sich doch unbemerkt geändert zu haben.

Nach all diesen Eindrücken und zwei weiteren hochpreisigen Bieren signalisierte mir meine Blase, dass es Zeit war, sie einer fachgerechten Entleerung zuzuführen. Beim Betreten der sanitären Anlagen schrie ich instinktiv ABC-Alarm – ein Relikt meiner der Bundeswehr geschuldeten Wehrpflicht – riss mehrere Papierhandtücher aus dem Spender, drückte sie mir auf Mund und Nase und startete durch bis ans Ende der Räumlichkeiten. Durch die mir entgegen schwappende Wolke aus sämtlichen Parfümsorten des Orient und Okzident, die kein normales Atmen erlaubten, blickten mich Dutzende irritierter Herren an, die akribisch damit beschäftigt waren, sich zu besprühen oder ihren Haaren einen Öl- oder Gelwechsel zu gönnen. Dabei gingen die Duftnoten der Mixturen eine für die menschliche Nase unheilige Allianz ein.

Übrigens, pinkeln war auf dieser Toilette absolute Nebensache, der männliche Körper und seine Ausstrahlung standen klar im Vordergrund. Mit einer Mischung aus Luft anhalten und durch den Mund atmen entleerte ich mich vorschriftsmäßig und beeilte mich anschließend das Duftkabinett schnellstens zu verlassen. Der Flaconhölle entkommen, suchte ich im immer dichter werdenden Getümmel nach meiner Frau, die mir via Gebärdensprache signalisierte, dass auch sie genug gesehen habe und wir drängten gemeinsam durch die immer größer werdenden Menschenmassen in Richtung Ausgang. Nachdem wir bezahlt hatten, wollte die junge Kassiererin unsere sichtbar gute Stimmung für etwas Publicity nutzen. Als wir gerade die elektronisch gesicherte Ausgangssperre und einen schätzungsweise 200 Kilo schweren Muskelberg mit Kopfhörer passierten, rief sie uns freundlich nach: „Und erzählen Sie's ihren Kindern, die finden das hier bestimmt auch total geil!" Seit diesem Abend meiden wir beiden schummriges Diskothekenlicht, da es uns scheinbar deutlich älter aussehen lässt. Und auch wenn es diese Diskothek längst nicht mehr gibt, behaupte ich noch heute auf Parties in leicht anzüglichem Tonfall und mit schelmischen Zwinkern, ich war mal in der Kaiserin.

Euro, Euro du musst wandern

War das eine Aufregung, als wir endlich ein Volk von Euro-Payern wurden. Am 1. März 2002 rollten wir die gute alte Mark endgültig zum Bahnhof. Ganz ohne Tamtam, Pauken, Trompeten und Hosianna-Gesänge. Eigentlich hat man es nicht einmal richtig gemerkt, da in den letzten beiden Monaten vor der Umstellung kaum noch jemand von der D-Mark sprach. Als wäre es das Natürlichste von der Welt, zahlte man bereits in den ersten Tagen des noch jungfräulichen Januars überall weltmännisch mit der neuen Währung. Nicht einen habe ich gesehen, der sich noch erdreistet hätte, bei Einkauf oder Kinobesuch die antike D-Mark zu zücken. Wer hätte das gedacht?

Natürlich gab es ein paar Ausnahmen, die gibt es schließlich immer. Das höchste Anliegen dieser niedrigsten humanoiden Spezies ist es, uns mit ihrer Miesepetrigkeit überall und ständig den Tag zu versauen. Jeder kennt diese Leute. Es sind zum Beispiel die, die im Supermarkt stundenlang Kühltruhen nach abgelaufenen Joghurts und Saure-Sahne-Bechern durchforsten, um dann bei 16 geöffneten Kassen garantiert an der von mir auserkorenen vor mir stehen, um der ahnungslosen Kassiererin wissend und grinsend, laut und in weitschweifenden Formulierungen einen mindestens fünfzigprozentigen Rabatt als Finderlohn aus dem Kreuz zu leiern.

Eine andere Spezies hätte mich beinahe als Amokläufer auf die Titelseiten der Boulevardblätter gebracht. Sie brillieren in Geschäften und Lokalen mit Sätzen wie „Sind das jetzt DM oder Euro?" oder dem damals quer durchs Land stetig wiedergekäuten Kassen-Klassiker: „Ach, wissen Sie, ich kann mich noch immer nicht an das neue Geld gewöhnen." Mein Gott, wir sollen uns nicht daran gewöhnen, wir sollen es ausgeben.

Einer dieser verhärmt dreinschauenden Synthetik-Kittelträgerinnen an einer Discounter-Kasse wäre ich für ihre Schlagfertigkeit dabei fast um den Hals gefallen. Anlass dafür bot ein eloquenter, kurzsichtiger Mittfünfziger, der umständlich in seinem

Miniaturportemonnaie kramte und ebenfalls gerade in leicht abgewandelter Form und mit unscharfem Blick vor sich hin soufflierte: „Ach, an diese neuen Münzen muss ich mich erst mal gewöhnen." Völlig unbeeindruckt und mit stoischer Miene stieß die Kassenmatrone die gebonten und vor ihr stehenden Einkäufe des Herren ruppig über die Transportbandkante in seinen Wagen und bellte: „Meine Gott, nach sechs Wochen müssten es selbst Sie doch langsam kapiert haben?"

Interessant war in diesem Zusammenhang auch die zweimonatige Übergangszeit im Januar und Februar, die man uns mit der sogenannten Parallelwährung verkürzen wollte. Mit dem zeitlich begrenzten Erlauben beider Währungen wollte die deutsche Politik lediglich den Abschiedsschmerz lindern. Ein Unterfangen, das gründlich in die Hose ging. Was unsere Berliner Volksmassenlenker nicht bedachten, war die dadurch mögliche leichte Vergleichbarkeit und die dadurch deutlich auffallende Preissteigerung in allen Bereichen des täglichen Lebens.

Es war beeindruckend, was uns dort alles angeboten wurde. Schlangengurken zum Preis von Kinokarten, Ruccolasalatschälchen, die in einigen Supermärkten eigentlich zusammen mit den hochwertigen Spirituosen in verschlossene Glasvitrinen weggesperrt gehört hätten. Nicht zu vergessen Kneipen und Restaurants, die lediglich das DM- gegen ein Eurozeichen austauschten. Es hatte scheinbar seinen Preis, dass Europa enger zusammenwachsen wollte.

Fernsehen in Zeiten des Quiz'

Früher oder später musste es einfach passieren. Da der Mensch nicht die Kraft aufbringt, sich jeden Abend der Woche den kulturellen Erbaulichkeiten des an Hochgenüssen nicht unarmen Ruhrgebietes zu stellen, vegetiert er manchmal etwas schläfrig und desinteressiert auf dem heimischen Sofa dahin. In einigen Fällen, wie dem meinen, häufig nebst Gattin.

Bei uns war es ein Montagabend, und es näherte sich wieder einmal dieses bleierne, antriebslose Gefühl. Harmonisch verkeilt laghockten wir (ein Wort übrigens, dessen Erfindung ich mir ungeniert zuschreibe) wie versierte Artisten des Chinesischen Staatszirkus auf unserem Lieblings-Fläzmöbel und zappten durch die endlos scheinende Programmvielfalt. Besser gesagt meine Frau zappte, während ich, in den jeweils verbleibenden etwa 1,86 Sekunden, die sie jedem Sender einräumte, um sie zu unterhalten, versuchte zu erkennen, worum es sich bei dem Gezeigten handeln könnte. Mein ganz persönliches kleines Ratespiel, in dem ich es im Laufe der Jahre zu einer gewissen Meisterschaft gebracht habe.

Nachdem sie etwa zweimal in auf- und absteigender Reihenfolge unsere 37 Kanäle in beachtlichem Tempo durchmessen hatte und ich bereits dabei war selig wegzudämmern, hielt sie plötzlich inne. Ich bemerkte es daran, dass die flackernden Lichtspiele, die durch meine geschlossenen Augenlider drangen, abrupt aufhörten und auch das vertraute pft, pft beim schnellen Wechsel der Kanäle verstummte. Lediglich die Stimme Günter Jauchs, der zur Zeit einzigen legitimen Quotenhoffnung der privaten deutschen Fernsehlandschaft, drang an mein Ohr. Scheinbar versuchte er gerade eindringlich eine junge Dame vor einem folgenschweren Fehler zu bewahren. „Sind Sie sich auch ganz sicher? Noch können Sie Ihre 8.000,– Euro nehmen und das Studio als Siegerin verlassen."

Ich öffnete die Augen. Auf dem Fernsehschirm rutschte ein etwa 25-jähriges Fräulein nervös auf einem tennisschiedsrichterähnlichen Hochstuhl herum, pendelte dabei unaufhörlich mit den Beinen und knibbelte an den Fingernägeln. Ihr gegenüber saß der

56

Rätselmeister, die Ruhe selbst und dem Blick nach zu urteilen hatte er Mitleid mit der Probandin, die sich sichtlich unwohl fühlte in ihrer Haut. Noch immer konnte sie sich nicht entscheiden, welche der vier angebotenen Lösungsvarianten wohl zur Frage passen mochte. Rätsel-Tycoon Jauch hegte augenscheinlich Sympathien und setzte zu einem letzten Rettungsversuch an. „Also, Sie glauben, dass Nietzsche und Homer als berühmte Persönlichkeiten des antiken Griechenlands ausscheiden, ja? Bleiben also noch Kierkegaard und Adorno." Ich war überzeugt, ein leichtes Schmunzeln über des Meisters Antlitz huschen zu sehen. „Ja, ich bin mir ziemlich sicher. Dieser Nietzsche war doch so'n Kommunist und Homer passt doch gar nicht da rein. Dass ist doch 'ne Comicfigur?" Jetzt war ich sicher, dass der Fernsehroutinier hinter einer schnell vor den Mund gehaltenen Hand lachte.
„Was halten Sie davon, einen Joker einzusetzen. Fragen Sie doch zum Beispiel unser Publikum." Die junge Dame war von dieser einzigartigen Idee überwältigt, willigte ein und Günni gab die Abstimmungsgeräte frei. Das Ergebnis konnte sich sehen lassen. 23 Prozent des Studiopublikums favorisierten den Kommunisten, fast 30 Prozent setzten auf die Comicfigur, Kierkegaard fand eine 4prozentige Fangemeinde und satte 43 Prozent vermuteten hinter Adorno den gesuchten antiken griechischen Dichter.
Meine Frau registrierte meine Rückkehr in den Wachzustand und meinte, dass ich mich ruhig auch mal bei so einer Sendung bewerben könnte. Schließlich wäre ich doch gar nicht so blöd und wer weiß, vielleicht kommt man dadurch zu ein paar Extra-Tausendern. Ich war gerührt von ihrer hohen Meinung meine Allgemeinbildung betreffend. Jedoch als erfahrener Lohntexter, der die Mechanismen und linken Touren der Werbung und auch des Fernsehens kennt, versuchte ich ihr zu erklären, warum ihr Gatte niemals dort neben Herrn Jauch sitzen würde. Ich erzählte von speziellen Agenturen, die den lieben langen Tag nichts anderes tun, als kreuz und quer durch die Republik zu reisen und Männer und Frauen zu shanghaien, die sie für einigermaßen telegen und quotentauglich halten. Natürlich kam sofort Protest auf

und die Liebste verwies auf die ständig eingeblendeten Telefonnummern für Bewerber. Ich gab ihr recht. Dort konnte man tatsächlich anrufen und sich als potentieller Kandidat anbieten. „Jedoch sind diese Nummern in erster Linie dafür da, Geld in die Kassen des Senders zu spülen", sagte ich. Denn die 49 Cent pro Anruf schlagen bei der Masse nicht unwesentlich ins Kontor. Allein bei RTL schlägt der telefonische Rätselkandidatenrekrutierungsservice mit gut 250.000,– Euro als fester Posten im Budget jeder einzelnen Jauch-Sendung zu Buche. Diese Hotlines sind für die Sender bares Geld, da gerade mal eine Handvoll der Zehntausenden von Anrufern überhaupt als Kandidaten berücksichtigt werden.

Das Gesicht der Gattin verzog sich zu einem hämischen Grinsen. „Du hast Schiss!" – Das hatte ich davon, ein wenig zur Aufklärung der undurchsichtigen und verschlungenen Machenschaften der Unterhaltungsindustrie beitragen zu wollen. Ich endete als Feigling mit blühender Phantasie. Und das bei der eigenen Frau. Die Zeit war reif für einen eindeutigen Beweis. „Schiss, Dein Mann, ha!", entgegnete ich mit fester Stimme, „ich werde Dir beweisen, dass ich recht habe." Beherzt griff ich zum Telefon und wählte beschwingt die erneut eingeblendete Nummer. „Besetzt", rief ich triumphierend. „Siehst Du, da schmeißen wieder Tausende Ahnungsloser ihr Geld zum Fenster hinaus." – „Das ist zwar Pech, aber noch lange kein Beweis Deiner Theorie", entgegnete die Herzensdame kühl. Mein Ehrgeiz war geweckt. Ich drückte die Wahlwiederholung – besetzt. Noch einmal – besetzt. Und wieder – besetzt. Dieses Spielchen zog sich einige Minuten hin. Ich dachte daran, dass diese Art Sendungen in Zeiten von Wählscheibentelefonen garantiert nicht funktioniert hätten. Doch dann begrüßte mich eine freundliche Männerstimme vom Band, die mir mitteilte, dass ich mit etwas Glück schon bald Kandidat sein könnte. Nachdem mir ausführlich erläutert wurde, wem ich diesen phantastischen Service zu verdanken habe und was er mich kostet, sollte ich die Null auf meinem Telefon drücken, damit der

Herr auf Band feststellen könne, ob mein Gerät auch über die für das Mitspielen notwendige Tonwahl verfüge.

Mein Kommunikator bestand den Nulltest mit Bravour, und schon stellte mir die Tonbandstimme meine ganz persönliche Teilnahmefrage. Gesucht wurde eine umgangssprachliche Floskel zur Essenszeit. Als mögliche Antworten bot man mir „Halbzeit", „Eiszeit", „Mahlzeit" und „Auszeit" an. Nach reiflicher Überlegung entschied ich mich für Antwort drei und tippte sie in mein Telefon, worauf die Stimme am anderen Ende vor Begeisterung zu zerplatzen drohte. Jetzt sollte ich noch Namen, Adresse und Telefonnummer hinterlassen und falls man sich nicht binnen einer Woche bei mir melden würde, hätte mich der Computer leider nicht ausgewählt – dacht' ich's mir doch.

Inge war sichtlich überrascht, dass ich es tatsächlich getan hatte. Ich badete eine Weile in der mir gegönnten Bewunderung und rief dann in Abständen von zehn Minuten noch drei weitere Male die Bewerbungs-Hotline an. Schließlich wollte ich nicht nach Punkten, sondern durch eindeutigen K.O. gewinnen. Woche um Woche ging ins Land, ohne das auch nur ein im weitesten Sinne einem Fernsehsender zuzuordnender Anruf bei uns einging. Weder Assistenten, noch Quizmaster oder Intendanten kamen auf die Idee, mich in ihre Sendung einzuladen. Um meinen Triumph gebührend auszukosten wartete ich, bis ein halbes Jahr verstrichen war und mir selbst die skeptische Partnerin zustimmte, dass diese Telefongeschichten die reinste Geldschneiderei seien. Drei Tage später brachte der Postbote einen Brief, in dem man mich einlud, an einem Casting für eine Quiz-Show teilzunehmen. Während ich noch ungläubig auf das Papier starrte, nahm Inge mir den Brief aus der Hand und las laut vor: „Herzlichen Glückwunsch, Sie sind ausgewählt worden, am Casting zur Jörg-Pilawa-Show teilzunehmen. Wir freuen uns, sie in Kürze in Köln begrüßen zu dürfen." Wenn mir auch völlig schleierhaft war, wie ich an diese Einladung kam, so wollte ich mir dieses Spektakel natürlich nicht entgehen lassen. An einem Montagabend gegen 18.00 Uhr machte ich mich auf den Weg in die Domstadt. Zwei Stunden später sollte die

Kandidatenauswahl stattfinden. Während der Fahrt memorierte ich die Bundesländer samt dazugehöriger Landeshauptstädte, versuchte mich an die Namen der zur Zeit Dienst tuenden Minister zu erinnern, überlegte, durch welche Länder die Donau fließt und für was das „F" in Kennedys Namen stand. Dann musste ich laut lachen. Ausgerechnet ich, der Skeptiker schlechthin, der jede Form von Show mit chronischer Nichteinschaltung strafte, war plötzlich vom Quizvirus befallen.

Als ich das Gebäude betrat, warteten im Foyer bereits fünfzig Personen aller Altersklassen. Einige allein, andere hatten sich bereits in Gruppen zusammengefunden und prahlten mit der Anzahl ihrer vergeblichen Bewerbungen für ähnliche Sendungen. Nicht unweit standen drei Männer um die fünfzig, die offenkundig bereits einiges gegen eventuell aufkommende Nervosität eingenommen hatten. Ich lauschte neugierig. „Bin ma' gespannt, wie viele die von die ganze Bagage hier nehmen. Dat meiste kannse doch eh nicht im Fernsehen zeigen." – „Jau, hasse die Tussi da drüben, die im Kostüm gesehen. Die denkt wohl, dat is hier Modenschau. Der sollte mal einer sagen, dat dat hier um wat zu wissen geht."

Wo war ich hineingeraten. An einer Seitentür erschien ein junger Mann. Er teilte uns mit, dass es in einigen Minuten losgehen würde und wir bitte alle unsere Einladungen bereithalten sollen. Augenblicklich entstand rege Betriebsamkeit. Nur das Trio neben mir machte keinerlei Anstalten nach den geforderten Briefen zu forschen. Sie waren bereits bei ihrem Fernsehauftritt angelangt. „Also, weisse, bis 16.000 Euro zieh' ich dat so durch. Ich hoff' nur, dat die mich nich nache Hauptstadt vonne USA fragen. Weil ich weiß nich, wie man New York richtig ausspricht."

Dann war es soweit. Die Seitentür öffnete sich erneut, diesmal kamen zwei junge Männer heraus und forderten uns auf eine Reihe zu bilden. Ich weiß nicht, was der Großteil der Anwesenden verstanden hatte, jedenfalls waren die beiden Fensehleute in Bruchteilen von Sekunden von wild mit ihren Einladungen wedelnden Menschen umzingelt. Jeder Teilnehmer wurde auf einer

Liste abgehakt, erhielt einen Block mit zwei vorbereiteten Zetteln und einen Stift. Wir wurden aufgefordert, Namen, Anschrift und Beruf einzutragen und uns anschließend im Raum nebenan niederzulassen. Eine ältere Dame im Kostüm fragte, ob Herr Jauch noch kommen würde. Die beiden Herren verneinten lächelnd. Nebenan waren ausreichend Stühle aufgestellt, vorn standen eine kleine Kamera, ein Monitor und zwei Barhocker. Ich setzte mich irgendwo in die Mitte, füllte den ersten Zettel aus und wartete. Neben mir nahm ein netter, etwa siebzigjähriger Herr Platz. Als alle saßen, hörte ich, wie mein Herrentrio lautstark mit dem Einlasser debattierte. Sie hatten ihre Einladungen vergessen und drohten damit, sofort die Bild-Zeitung zu informieren, wenn man sie nicht umgehend mitmachen ließe. Der junge Mann am Eingang war diese Art Kummer scheinbar gewohnt und bat die Krakeeler freundlich herein. Der USA-Fan stürmte sofort nach vorn und nahm auf einem der Barhocker Platz. „Siehse, Egon, so sieht dat dann später aus." Unter lautstarkem Beifall seiner Kollegen und anderer Teilnehmer wurde Mr. New York aufgefordert, sich doch bitte auch auf einen der Stühle zu setzen.

Nun wurde uns erläutert, dass dies hier lediglich ein Casting sei und wir weder Anspruch auf Fahrtkostenerstattung hätten, noch irgend etwas bei den gleich gestellten 25 Fragen gewinnen könnten. Auch wies man uns darauf hin, dass keinerlei rechtliche Handhabe bestehe, die Auswertung unserer Fragebögen einzusehen, geschweige denn Beschwerde, Klage oder was auch immer dagegen zu erheben. Außerdem gäbe es keinerlei Auskünfte über die konkreten Auswahlkriterien. Damit wir merkten, wie ernst es die Firma meinte, bekamen wir die Ansprache inklusive einiger zusätzlicher Punkte noch schriftlich und wurden aufgefordert sie umgehend zu unterschreiben und abzugeben. Dann endlich ging es los. Die Fragen wurden vorgelesen und gleichzeitig auf großen Tafeln hochgehalten, auf denen zudem drei Antwortmöglichkeiten standen. Die jeweils richtigen Lösungen mussten wir auf dem zweiten vorbereiteten Zettel ankreuzen. Es wurde gefragt, mit welchem Sport Stefan Edberg sein Geld verdiente, wofür die Abkürzung BRD steht, wie der amtierende Bundeskanzler mit Vornamen heißt, ob Mallorca zu den Kanaren, den Kykladen oder den Balearen gehört oder welcher Formel-1-Lauf in Monaco stattfindet. Die Anforderungen waren nicht mit denen von mir im Fernsehen gesehenen vergleichbar und ich fragte mich bereits, durch welchen Geniestreich gleich die Spreu vom Weizen getrennt würde. Auch der freundliche ältere Herr neben mir kreuzte eifrig an, obwohl er bereits drei Fragen gar nicht beantwortet und sich bei zwei weiteren für die falschen Lösungen entschieden hatte. Die Zettel wurden eingesammelt und wir mussten erneut draußen warten. Umgehend entbrannten hitzige Diskussionen über die richtigen Antworten und auch meine drei Lieblinge diskutierten eifrig darüber, ob sich der Münchener Flughafen in Erding oder Tegel befand. Nach zehn Minuten öffnete der Fragensteller erneut die Tür des Prüfungsraums, rief kurz und knapp drei Namen auf, deren Besitzer bitte eintreten sollten, bedankte sich für das Interesse und wünschte eine gute Heimreise.

Sekundenlang herrschte Totenstille. Dann begaben sich die ersten zur Ausgangstür. Selbst ich war perplex über die zügige Abfertigung. Im Weggehen überlegte ich krampfhaft, welche der Fragen ich wohl falsch beantwortet haben könnte, als ich aus dem Augenwinkel sah, wie mein graumelierter Stuhlnachbar zusammen mit zwei weiteren älteren Herren hinter der sich schließenden Prüfungstür verschwand. Beruhigt und erleichtert ging ich zum Wagen, da diese Auswahl definitiv nichts mit dem Testergebnis zu tun haben konnte. Draußen auf dem Parkplatz begegnete ich ein letztes Mal der Herrenriege, die gerade dabei war, auch die letzten Reserven ihres Beruhigungsmittels einzunehmen, das sie gut gekühlt im Kofferraum ihres Wagens aufbewahrten. Zwei von Ihnen bölkten gerade laut, aber nicht unbedingt deutlich Namen, Adresse und Telefonnummer in ihre Mobiltelefone, legten dann zufrieden auf und prosteten sich zu.

Zuhause angekommen, erzählte ich wahrheitsgetreu die ganze Geschichte und bot Inge in versöhnlichem Tonfall an, es in etwa dreißig Jahren gerne noch einmal zu versuchen.

Fünftagewoche

Kennen Sie das Gefühl morgens aufzustehen und sich ganz sicher zu sein, dass es klüger gewesen wäre liegenzubleiben? Man steht aber trotzdem auf. Entweder aus Gewohnheit oder weil man es muss, oder weil man hofft, sich zu irren.

Das ist meist der harmlose Beginn der Katastrophe. Mit nackten Füßen gegen massive Bettgestelle zu laufen und dabei langsam das Gleichgewicht zu verlieren, ist oft nur ein Vorbote. Während des anschließenden Falls noch rasch etwas Zerbrechliches herunterzureißen gehört dabei ebenso zum Standardrepertoire, wie das höchstwahrscheinlich folgende „In-die-Scherben-treten".

Danach geht es meist humpelnd in Richtung Badezimmer, ein- bis zweimal über im Weg liegende Schuhe stolpern ist an diesen Tagen ebenfalls nicht mehr als eine Pflichtübung. Jetzt bloß schnell die Tür hinter sich zuziehen und die trügerische Sicherheit genießen. Die sich leicht bessernde Stimmung wird nur durch den abgerissenen Haltestift der Türklinke getrübt, den man bereits seit Wochen austauschen wollte. Nun liegt er zerbrochen am Boden, während man selbst bereits am Waschbecken steht, die Klinke noch immer in der Hand. Jetzt beginnt die Phase des hysterischen Kicherns und es heißt aufpassen. Bloß kein Schnitzer mehr. Konzentriert und zügig an die Körperpflege herangehen, kein Dulden irgendwelcher Flüchtigkeitsfehler.

Das Waschen klappt meist einwandfrei. Selbst die Nassrasur glückt – was zu gewisser Hoffnung Anlass gibt und einen gleichzeitig leichtsinnig werden lässt. Ergebnis: Die Handcreme auf die Zahnbürste gepackt ... erst beim Putzen bemerkt ... Resultat: Tollwutoptik und kräftiger Kamillegeschmack im gesamten Rachenraum. Jetzt nur nicht durchdrehen.

Überspringen wir die Löcher im einzigen sauberen Paar Socken, den verstopften Filter der Kaffeemaschine und die daraus resultierende braunbrockige Überschwemmung, und erwähnen wir auch nur kurz den Deckel des Zuckerstreuers, der nach der letzten Befüllung nicht ordnungsgemäß verschraubt wurde ... das wissen wir jetzt auch. Brot und Wurst schwimmen in trauter Gemeinsamkeit den Tisch hinunter und ein faustgroßer Kaffeefleck ruiniert das neue weiße Hemd.

Jetzt reichts! Schluss, aus. Schnell, aber vorsichtig umziehen und fort von diesem Ort des Grauens. Raus aus dieser Wohnung und behände die drei Etagen nach unten gepoltert und im Rausrennen noch die Tageszeitung gegriffen. Im Auto erst einmal verschnaufen. Sich in Sicherheit wiegen, zur Ruhe kommen, Atmung, Herz- und Pulsschlag normalisieren, Mensch werden.

Vor der Abfahrt noch ein rascher Blick auf die Titelseite: „Invasion Haitis steht bevor.", „Skinheads wüten mal wieder in Jena." und … „Die Familienbeilage zum Wochenende". – Panischer Blick aufs Datum: Samstag, 7. Februar – Scheiße.

Kurz vor der erlösenden Ohnmacht noch ein rascher Vorsatz: Demnächst eher auf versteckte Zeichen achten – hoffentlich erkennt man sie.

Howies Hit

Es erwischte mich völlig unvorbereitet, als ich entspannt auf dem Sofa" fläzte, um ein paar Minuten abzuschalten nach der Tristesse des täglichen Broterwerbs. Aber was musste ich da zu meinem Entsetzen mit anhören. Der Lokalsender unserer Stadt, quasi die Bild-Zeitung für die Ohren, traktierte mich mit der Ankündigung des neuesten Schmachtwerks von Howard Carpendale, dem südafrikanischen Heino.

Nicht genug, dass man sich den Liebe-Triebe-Anpreisungen des Moderators ergeben musste, der mit gekünsteltem Pathos das hochbrisante Thema des neuen Hits (das englische Wort „Schlag" war hier mehr als treffend) herauszuarbeiten. Nein, zu allem Überfluss wurde der Refrain des Liedes bis zum Erbrechen als Hintergrundgedudel eingespielt. „Baby, versuch's noch einmal mit mir". Eine Vorstellung, die ich mir als Frau selbst unter Androhung körperlicher Gewalt von einem Herrn Carpendale mehr als verbitten würde.

Aber es half nichts, er schallerte weiter unser Howie, ohne Rücksicht auf Menschenleben und mit seinem gewohnt krächzend-übertriebenen amerikanischen Akzent. Kurz bevor ich völlig das Bewusstsein verlor und in autistischer Manier hin und her zu schaukeln begann, sorgte der Moderator für eine brillante, jedoch so sicherlich nicht gewollte Einschätzung des Carpendalschen Liedgutes. „Versuch's noch einmal mit mir, der neue Super-Hit von Howard Carpendale. Bekannt aus der Samstagabend-Show 'Verstehen Sie Spaß'." Nach dieser unverschuldeten Einschätzung liebte ich einmal mehr die Tücken der deutschen Sprache.

Kneipenkosmos

Wenn sich nur noch die zwei bis vier üblichen Verdächtigen glasig glotzend und mehr schlecht als recht an, auf oder unter ihren Barhockern aufhalten, ist das für mich, den Mann hinter dem Tresen, das sichere Zeichen zum Abpfiff. Je nach Wochentag und Datum kann die Zeit, zu der sich diese Feierabendvorfreude bei mir einstellt, variieren. Anfang der Woche liegt sie meist kurz nach Mitternacht, Mittwochs und Donnerstags kann es schon mal zwei oder drei Uhr werden und an Wochenenden quält sich meist schon der gelbe Sonnenball durch den morgendlichen Großstadt-Smog, bevor ich mein Etablissement sorgsam verschließen und mich gerädert und entnervt auf den Heimweg machen kann. Jedoch sind das nur Näherungswerte, die täglich von der Unberechenbarkeit der Gäste durchkreuzt werden.

Hat man dann aber endlich auch dem letzten komatös dahin Vegetierenden die Bedeutung der Worte *Letzte Runde* klar gemacht und unterstützend ein knalliges Gitarrensolo aus der Frühzeit der Rockgeschichte im schärfsten Dezibelbereich durch die Boxen gejagt, kann man sich endlich um den eigenen Aggregatszustand vor dem Zubettgehen kümmern. In dieser sich schal anfühlenden Zeit des nahenden Morgens gibt es selbst im Ruhrpott nur sehr wenige Kneipen, die noch geöffnet sind. Und diese verlangen von einem nüchternen Barkeeper schon eine Menge Anpassungsfähigkeit, um sich in die Schar zusammengesunkener Kreaturen an der Theke einzureihen. Aber der Körper verlangt sein Recht und was wäre unser Leben ohne Rituale. Zu meinem gehörte der nächtliche Abstecher ins Endstation, ein Schuppen, der nicht nur durch die Inneneinrichtung seinem Namen alle Ehre machte.

Neben Edgar war noch ein Plätzchen frei. Edgar ist einer der letzten echten Hardrocker, ein Relikt aus den 70er Jahren eines längst vergangenen Jahrtausends, für den Jim Beam, Kiffen und der harte Sound einer echten Fender-Stratocaster bis heute die einzigen Fixsterne seines recht überschaubaren Universums sind. Wie zu dieser Zeit üblich, saß er in seiner uralten, siffigen und stickerübersäten Lederjacke an der Theke. Die Haare immer noch von imposanter Länge und Dichte und einer Fettigkeitsstufe, die selbst die Top-Drei der Stiftung-Warentest-Shampoos in die Knie gezwungen hätte. Seinen Kopf knallte er rhythmisch zu *Paranoid* von *Black Sabbath* auf die blank polierte Hartholztheke. Für mich ein untrügliches Zeichen, dass die Welt noch in Ordnung war. Die Geschwindigkeit, mit der er sein Profil jedes mal auf die Theke ballerte, nötigt mir selbst nach Jahren noch Respekt ab, besonders dann, wenn ich mir in Verbindung mit seiner täglich selbst verordneten Ration Whisky-Cola das Erwachen am nächsten Morgen vorstellte. Verwundert bin ich jedoch bis heute, dass sich der ganze Silberschmuck in seinem Gesicht von der wüsten Thekenknallerei noch nicht wie hauchdünnes Lametta um seinen Schädel gewickelt hat.

Aber auch ich bin ein Gewohnheitsmensch, deshalb stellte mir Horst, dem Aussehen nach seit mindestens 300 Jahren Kneipenbesitzer, unaufgefordert einen sehr christlich bemessenen Single-Malt hin. „Die ersten sind wie immer gegen den Durst" kommentierte ich seine Aufmerksamkeit, stürzte das Feuerwasser in einem Zug herunter, während Horst mir noch im Abstellen nachschenkte. Diese Prozedur wiederholten wir in alter Tradition binnen weniger Sekunden viermal, bis auch ich das Geschehen um mich herum in angenehmerem Licht betrachtete.

Am Ende der Theke hob gerade Ätna seine verbeulte Physiognomie unter einem Angst einflößenden Hustenanfall aus einem übergroßen Marlboro-Aschenbecher, in dem er friedlich geschlummert hatte. Eine beeindruckende Aschewolke stieg auf und verdunkelte das Licht der über der Theke eingelassenen schmierigen Leuchtmittel. Mit den Dutzenden an seiner Wange klebenden Kippen sah Ätna aus wie irgendwas aus „Die Mumie 2". Mit ruhigem Blick scannte er die Theke und die abgestellten Getränke der Gäste, entschied sich für den Nachbarn zu seiner Rechten, leerte dessen doppelten Wodka in einem Zug, grüßte kurz zu mir herüber und fiel zurück in seine weißgraue Schlafstätte. Ich fand einmal mehr, dass ein Spitzname nie treffender war.

Auf Edgars linker Seite hatte inzwischen Lilly Platz genommen, 152 cm Fleisch gewordenes Urgestein der Nachtschwärmer-Szene, deren Gewicht ziffernmäßig in etwa ihrer Größe entsprach, wobei die Reihenfolge durchaus vertauscht sein konnte. Selbst der nüchternste Betrachter musste feststellen, dass Lilly mindestens genau so breit wie hoch war. Hinter vorgehaltener Hand kursierten über Lilly erotische Geschichten, denen man selbst bei Barauszahlung utopischer Geldbeträge niemals beiwohnen wollte und gegen die Charlotte Roches Skandalbuch „Feuchtgebiete" lediglich ein schlüpfriger Pennälerwitz ist.

Lilly war gerade dabei ihre abgewetzte, kofferartige Handtasche nach Zigarillos zu durchforsten und legte dabei Dutzende Gegenstände auf die Theke, die man überall vermuten würde, nur nicht in einer Handtasche. Edgar gönnte seinem Kopf gerade eine Auszeit, da sein Head-Banging auf Xavier Naidoo nicht funktionierte. Er fingerte mit ungelenken Bewegungen aus Lillys Utensilien einen goldfarbenen Analvibrator und versuchte sich daran eine Kippe anzustecken. Gerade als er aschfahl werdend seinen Fehler bemerkte, registrierte Lilly das Interesse an ihrem Spielzeug und brachte ihre beeindruckende Körperfülle mehr als nah an Edgar heran. Deutlich angeschlagen von zu viel Wodka ... ganz ohne Tonic säuselte sie: „Isss kaputt, Süßer, mussima neue Battrien reinmachen, dann brummta widda und wat machs Du noch so heut' Nacht?"

Panik ergriff den Hardrocker, der bei seinem Fluchtversuch nicht bedachte auf einem Barhocker zu sitzen, wodurch sich seine Füße bei den in der Luft durchgeführten Sprintbewegungen übel in der Architektur des Schemels verkeilten und er zuerst mit dem Kinn auf die Theke knallte, dann seitlich in Richtung der überraschten und völlig reaktionsfreien Lilly taumelte, um anschließend gemeinsam mit ihr in einer bizarren Choreografie die restliche Strecke bis zum Boden zurück zu legen, wo er benommen kopfüber zwischen zwei gewaltigen Brüsten zum Stillstand kam. Von soviel Sympathie überwältigt, schlang Lilly ihre regentonnendikken Arme um Edgar, der dem sicheren Erstickungstod nur durch Horsts schnelles Eingreifen entging, der für einen Mann seiner Statur äußerst behände über die Theke flankte und die verrenkte menschliche Skulptur geschickt entwirrte.

Durch die Detonation des Aufpralls erwachte Ätna zu neuem Leben und erhob sich aus der ewigen Asche seiner von der Tabakindustrie gesponserten Ruhestätte, um prophetenhaft lallend zu verkünden: „Sie lieben die Wollust mehr als Gott, 2. Timotheus, Kapitel 3, Vers 4." Als jetzt noch „Death is not the end" vom König der Dauer-Depressiven Nick Cave und seinen Bad Seeds durch die Anlage waberte, nahm ich das als untrügliches Zeichen das Endstation zu verlassen. Zu Hause zappte ich bei einem letzten goldgelben Schlummertrunk noch etwas durch die private Fernsehlandschaft. Und während ich krampfhaft überlegte, warum die grobschlächtige, straßenköterblonde, hässliche alte Vettel mit diesen freiliegenden Riesenbrüsten ausgerechnet mich nach Automarken mit A fragte, überkam mich die Müdigkeit. Im sich anschließenden Traum ergatterte ich eine stark nachgefragte Hausmeisterstelle in einem Internat für schwer erziehbare minderjährige Nymphomaninnen. Meine Euphorie über diesen Glücksgriff wurde jedoch jäh gebremst, als ich in großer Erwartung meines ersten Arbeitstages feststellte, dass alle Elevinnen entweder aussahen wie Lilly oder die halbnackte Rätselschlampe aus meinem Fernseher.

Schweißgebadet und mit dem Gesichtsausdruck eines Menschen, der soeben Marianne und Maria Hellweg nackt gesehen hat, erwachte ich am späten Nachmittag. Höchste Zeit für feste Nahrung und die Vorbereitung auf die nächste Schicht. Dabei hatte ich wieder diesen unbändigen Wunsch endlich etwas Vernünftiges auf die Beine zu stellen, um dem Hamsterrad aus Kneipe, Nachtschwärmerei und Säuferleben ein Ende zu setzen. Da derartig wichtige Entscheidungen sehr gründlich durchdacht sein müssen, setzte ich mich mit einer halb vollen Whiskyflasche an den Küchentisch und entwarf von Glas zu Glas brillantere Pläne für ein erfülltes, gesundes und erfolgreiches Leben. Leider konnte ich mich am nächsten Nachmittag an keinen meiner genialen Geistesblitze mehr erinnern, sodass ich beschloss, bei einer weiteren Flasche die Sache erneut anzugehen.

Love-Parade ins Ruhrgebiet
(Geschrieben im Oktober 2006)

Die Love-Parade kommt ins Ruhrgebiet? Ist das jetzt ein verspäteter Aprilscherz oder die Fortführung des Revier-Strukturwandels mit anderen Mitteln. Glauben denn unsere regionalen Politiker-Darsteller tatsächlich, dass man dieses Techno-Happening einfach so verpflanzen kann? Die Love-Parade gehört nach Berlin wie das Oktoberfest nach München. Es kommt doch auch niemand auf die Idee, die rheinischen Karnevalsumzüge nach Saarbrücken zu verlegen, nur weil irgendeine mickrige Bürgerinitiative bei der Anmeldung ihres Protestmarsches gegen „Die Überzuckerung des städtischen Straßennetzes durch Kamelleattacken" etwas fixer gewesen ist. Fest steht doch, mit der Love Parade haben die Berliner seit Jahren eine Lizenz zum Gelddrucken. Über 130 Millionen Euro lassen die zuckenden Raver-Marionetten Jahr für Jahr in der Bundeshauptstadt. Glaubt NRW tatsächlich, dass sich der Berliner Senat dieses dicke Finanzbonbon wegen einer einmal jährlich voll gepinkelten Parkanlage durch die Lappen gehen lässt? Ich bitte Sie, Geld regiert die Welt. Daran ändern erst recht ein paar Naturliebhaber nichts.

Deshalb bin ich auch sicher, dass hinter den Kulissen von Ku'damm-City schon hitzig mit den Tiergarten-Aktivisten geschachert wird. Denn garantiert fehlen dem Parksanierungsprogramm noch ein paar Tausender, die jetzt – welch' göttliche Fügung – doch noch im Stadtsäckel gefunden werden. Das sind natürlich nur Spekulationen, aber warten wir's ab.

Auf der anderen Seite, die Love-Parade im Ruhrpott? Na gut, immer noch besser als Hannover. Die kriegen ja nicht mal die Cebit-Besucher in den Griff. Die weltweit größte Computermesse dauert nur deshalb eine Woche, weil das die durchschnittliche Fahrzeit vom Autobahnanschluss zum Messeparkplatz ist. Klar, Staus gibt's hier auch genug. Aber wir haben sie täglich und sie gehören zum Image. Der Techno-Karneval soll ja über die A40 laufen. Da werden bestimmt viele Berufspendler versuchen, sich mit ihren Autos in die Love-Parade einzuschleusen. So schnell kommen die nie wieder von Essen nach Bochum.

Ich sehe schon die wild zuckenden Horden spärlich bekleideter junger Menschen, die unter infernalischem Gewummer aus häusergroßen Boxen durch Baustellen und an Schallschutzwänden vorbei durchs Revier trampeln. Angeführt von den Oberbürgermeistern der Kohlenpott-Metropolen, die sich arrhythmisch und ungelenk verbiegen und im Chor „Hyper, Hyper (sprich: Heiper, Heiper)" brüllen.

Aber soweit wird es nicht kommen. In Berlin hat man bestimmt schon eine Lösung gefunden. Wahrscheinlich stehen die Tiergarten-Schützer in diesem Jahr auf dem ersten Love-Parade-Wagen und schallern eingerahmt von Dutzenden mobiler Dixi-Klos „Here comes the rain again."

Mein Gitarren-Trauma

Wann es bei mir begann, kann ich heute gar nicht mehr genau sagen. Aber ich muss etwa neun Jahre alt gewesen sein. Zusammen mit meinen Eltern saß ich im Wohnzimmer vor unserem kühlschrankgroßen Schwarzweiß-Fernseher und fieberte dem Höhepunkt der Woche entgegen. Es war Samstagabend, es war Zeit für die Musiksendung Disco mit Ilja Richter, dem schmalzlockigen Glam-Rock-Leptosomen der Prä-MTV- und Viva-Ära.

Diese Abende waren es, die mich die vielen Kleine-Jungen-Probleme der vergangenen Tage vergessen ließen. Für mich war Disco das größte in der dreikanaligen deutschen Fernsehlandschaft Anfang der 70er Jahre. Das Ritual für diese Abende war stets das gleiche, und ich duldete keinerlei noch so kleine Abweichung. Zuerst ging es in die Badewanne, danach, ordentlich trocken gerubbelt und unter unmenschlichen Schichten Nivea versteckt, wurde ich in einen viel zu großen Bademantel gepackt. Dann ab ins Wohnzimmer, wo ebenfalls alles bereits perfekt vorbereitet war. Meine Mutter hatte den schweren Glasplattencouchtisch direkt vor das Sofa geschoben. Die dicken quadratischen Fußabdrücke im weichen Teppich ließen noch deutlich den eigentlichen Stammplatz erahnen. Auf dem Tisch stand ein Teller mit belegten Broten und das obligatorische Glas Milch, ohne dessen Vorhandensein ich damals jede Art der Nahrungsaufnahme strikt verweigerte.

Die Brotscheiben waren in mundgerechte Stücke geschnitten, damit ich nach Beginn meiner Sendung nur nicht den Blick von der Flimmerkiste abwenden musste, um mich so banalen Dingen wie dem Abbeißen zu widmen. Schließlich hatte ich Wichtigeres zu tun. Ohne mich waren Slade, Sweet oder die Osmonds gar nicht in der Lage aufzutreten. Albert Hammond, Alice Cooper und Gary Glitter ohne meine tatkräftige Unterstützung unfähig das Publikum zu begeistern – das zumindest glaubte ich. Im Bademantel und mit vor Fettcreme glänzendem Gesicht saß ich auf meinem Stammplatz im Wohnzimmer und wartete ungeduldig.

Direkt neben mir, immer in Reichweite, lag das wichtigste Utensil jedes Disco-Abends. Das Exkalibur der Pop-Musik, meine damals schon kabellose, jede Entfernung mühelos überbrückende magische Gitarre.

Nun ja, eigentlich war es gar keine Gitarre, vielmehr ein einfacher Kinderfederball-Schläger der Firma Topsy-Toys. Aber sein feuerroter Griff, der Schaft aus blankpoliertem Chrom und die stahlblaue Saitenbespannung verliehen ihm ein derart magisches Aussehen, dass er es mühelos mit jedem noch so teuren echten Instrument aufnehmen konnte. Und sobald die Erkennungsmelodie verklungen war und die schmalen Späßchen von Herrn Richter nichtssagend an mir abprallten, griff ich nach meinem sechssaitigen Wunder. Ich war bereit, es konnte losgehen, Bühne frei für den Auftritt der Woche.

Mein Unterbewusstsein schleuste schon während der Anmoderation der ersten Gäste ganz automatisch meinen Namen in die Bandbesetzung ein. Mein Vater behauptet noch heute, dass ich immer kurz aufstand, um mich zwischen Sofa und Tisch zu verbeugen und souverän in Richtung Fernseher zu winken. Sobald die Künstler ins Bild kamen, hielt ich meinen Federball-Schläger lässig vor dem Körper und wartete gespannt auf das Anzählen des Drummers. Für meine Auftritte benötigte ich viel Platz. Das war der eigentliche Grund dafür, dass meine Eltern an diesen Abenden die Sessel bevorzugten und das Sofa mieden. Denn ich rollte, abhängig vom Tempo der Musik, gekonnt von einer Seite des Sofas zur anderen, ekstatisch zuckend, völlig im Rhythmus der Musik versunken und stets mit nach Carlos Santana-Manier geschlossenen Augen.

Was gespielt wurde, war mir völlig gleich, schließlich beherrschte ich alles. Rock, Pop, Blues oder Schlager, ich schreckte vor nichts zurück. Selbst die gefühlsduseligsten Marianne Rosenberg- und Juliane Werding-Schinken begleitete ich mit stoischer Gelassenheit. Schließlich war ich Profi, und sie alle auf mich angewiesen, auf mich und mein Instrument. Ich konnte meine Kollegen doch nicht hängenlassen, nur weil ich ihre Musik fürchterlich fand.

Nein, wir Musiker waren doch eine große Familie. Diese Phase dauerte etwa ein Vierteljahr. Alles lief bestens und jeder Auftritt ging problemlos über die Bühne. Bis zum anstehenden Sommerurlaub mit der Familie. Es erwarteten mich vierzehn Tage im tiefsten Schwarzwald und das in einer Ferienwohnung ohne Fernseher – ja, so etwas gab es damals. Wie sollten meine Musikerkollegen das ohne meine Hilfe schaffen. Sie wussten ja nicht einmal, dass ich gar nicht vor dem Fernseher saß und nicht helfen konnte. Ich war mir sicher, sie liefen direkt ins Verderben, das musikalische Waterloo erwartete sie.

Als ich nach dem Urlaub meinen besten Freund fragte, was das Fernsehen denn die letzten zwei Samstage anstelle von Disco gesendet hätte, sah er mich nur verdutzt an. „Disco natürlich, was sonst." – „Übrigens, Bachmann, Turner, Overdrive waren endlich da, echt klasse."

Die Enttäuschung war unbeschreiblich. Scheinbar war ich doch nicht so wichtig, wie ich angenommen hatte. Die Musikgrößen kamen auch ohne meine Unterstützung zurecht. Sämtlicher Illusionen beraubt rannte ich nach Hause, nahm meine verchromte Gitarre von der Wand und zerbrach sie. Sollte dieser blöde Ilja Richter sich doch einen anderen Dummen suchen, der seine Bands in die Hitparaden brachte. Mit mir nicht mehr. Ich kann meine Zeit für bessere Dinge verwenden, als an Samstagabenden vor der Glotze zu sitzen und irgendwelchen langhaarigen Langweilern bei ihren dilettantischen Musikversuchen zuzuhören. Mich waren die Herren vom Fernsehen ein für allemal los.

Natürlich hatte niemand in der Rock- und Popwelt meinen spektakulären Abgang von der Showbühne bemerkt. Später schaute ich mir Disco natürlich immer mal wieder an. Aus Protest jedoch nur noch komplett angezogen, ohne vorher zu baden und nicht eingecremt. Schließlich sollten die Musikheinis merken, dass ich sie kein bisschen vermisste. Manchmal wartete ich sogar förmlich darauf, dass sich einer von denen so richtig verspielte. Später lernte ich, dass das bei Vollplayback höchst unwahrscheinlich ist.

In den kommenden Jahren wechselte mein Musikgeschmack und „Disco" wurde vom „Beat-Club" abgelöst. Uschi Nerke und Manfred Sexauer wurden meine neuen Gurus. Außerdem war hier alles noch eine Spur wilder und ich konnte prima meine Eltern ärgern, für die der „Beat-Club" die reinste Hottentotten-Musik war. Einen Federballschläger habe ich dafür allerdings nicht mehr gebraucht, ich versuchte es vielmehr mit einer echten Gitarre. Leider war ich nicht mit dem Talent gesegnet, dass ich in jungen Jahren zu besitzen glaubte und gab nach mehreren kläglichen Versuchen freiwillig auf. Seit dieser Zeit höre ich lieber Musik und überlasse es anderen sie zu spielen. Aber manchmal, wenn ich unbeobachtet zu Hause sitze und einer LP oder CD lausche, dann überkommt es mich wieder. Dieses Gefühl mitzumachen und die Jungs da auf der Scheibe tatkräftig zu unterstützen. In diesen Momenten vermisse ich meinen alten Federball-Schläger, der längst auf dem Schrottplatz der Geschichte liegt. Aber ich greife dann einfach zu meiner immer verfügbaren Luftgitarre und spiele Gedanken versunken, was das Zeug hält. Meine Frau kam einmal entschieden zu leise nach Hause, sah mich rücklings auf dem Sofa liegen und wild mit den Händen in der Luft fuchtelnd einige Riffs auf dem imaginären Instrument spielen. Mir war das fürchterlich peinlich, aber sie lachte nur und meinte, das wär' doch alles halb so wild. Eine Arbeitskollegin habe ihr erzählt, sie hätte ihren Mann einmal im Wohnzimmer überrascht, als er geistesabwesend ein Stück von Eric Clapton auf seinem Tennisschläger begleitete. Das wäre doch wohl wirklich total bescheuert, oder?

Ich schwieg.

Millennium-Bug

Nur noch wenige Tage, dann schlägt er zu, wenn man den Medien und den großen Computerfirmen glauben schenken darf. Der oder das Millennium-Bug, der Jahrtausend-Crash, der Untergang unserer schönen neuen Informations- und Netzwerkgesellschaft. Weltweit melden sich Computer ab, schalten auf stur oder vergessen mal eben ein ganzes Jahrhundert. Die Folgen sollen angeblich verheerend sein. Flugzeuge, die nicht mehr wissen, wo sie landen sollen, Telefone, die während des Jahreswechsels geführte Gespräche nach dem Tarif für hundert Jahre abrechnen oder Ampelanlagen, die zur Feier des Tages und zum Wohle eines reibungslosen Verkehrsflusses sämtliche Lichter auf Grün stellen. Das wäre doch mal ein Feuerwerk.

Wir sollten dieses in Aussicht gestellte Chaos sinnvoll nutzen. Nehmen wir ein paar ordentliche Kredite auf, jetten neureich durch die Welt und frönen auf Teufel komm raus der Kunst zu leben. Wer will uns was anhaben? Im nächsten Jahrtausend kann sich der Bankrechner vielleicht gar nicht mehr an uns erinnern oder er berechnet uns gleich die Zinsen seit dem 1.1.1900. Das wäre zwar nicht die feine Art, aber anhand unseres Personalausweises können wir nachweisen, dass wir zu diesem Zeitpunkt noch gar nicht gelebt haben. Also, nix mit zurückzahlen, seht doch zu, von wem ihr euer Geld kriegt. Wir haben unser Gedächtnis ebenso verloren wie eure Computer.

Aber mal ehrlich, ich glaube dieser ganzen Panikmache nicht. Das ist ein abgekartetes Spiel der Chip-Giganten. Die wittern das große Geschäft. Schließlich darf das Jahr 2000 doch nicht einfach so daherkommen, als wäre nichts gewesen. Wir brauchen einen Big-Bang, einen echten Millennium-Knaller und da kommen diese Software-Anekdötchen gerade recht. Natürlich wird hier und da etwas nicht funktionieren, aber nicht umsonst durchkämmt man weltweit seit ein paar Jahren sämtliche Altersheime und Seniorenruhesitze nach Programmierern der ersten Stunde, um sie auf die fehlenden zwei Ziffern in den Codes der Maschinen anzusetzen und diesen ach so klugen Automaten so das richtige Jahreszahlen-rechnen beizubiegen.

Mich beschäftigt dabei etwas ganz anderes, etwas, das vielleicht viel bedrohlicher sein könnte als so ein dummer fehlgeleiteter elektrischer Impuls. Was ist, wenn der Jahrtausendfehler gar nicht in einem simplen Rechner schlummert, sondern in einem ganz anderen, viel weiter entwickelten Computer sitzt, auf dessen Steuerung wir gar keinen Einfluss haben, dem wir hoffnungslos ausgeliefert sind. Was ist, wenn der Millennium-Bug in uns selbst nistet, den Menschen. Wenn wir es sind, die sich pünktlich zum kommenden Jahreswechsel verabschieden. 23.59 und 57 Sekun-den, …58, …59 und peng, das wars, Schluss mit reich und arm, Krieg und Frieden, Fußballbundesliga, Orangenhaut, Pickeln und vorzeitiger Ejakulation. Wir stellen einfach den Betrieb ein. Kurz nach Mitternacht, in schönster Feierlaune, verduften wir wort-wörtlich von der Bildfläche. Ein Knall, im Universum kaum hör-bar und Milliarden Menschen auf der ganzen Welt verpuffen ins endgültige Nirwana. Die Erde ist ihre ärgsten Feinde los. Wälder, Flüsse, Seen und Tiere können aufatmen. Kriege, Hungersnöte und sonstige Katastrophen haben sich umgehend erledigt, Haus-haltslöcher müssen nie wieder gestopft werden. Keinen interessie-ren mehr Hypotheken, ungewollte Schwangerschaften oder bie-stige Schwiegermütter. Selbst der große Anschiss-Termin, den der Boss freundlicherweise auf den 3. Januar gelegt hat, kann uns scheißegal sein. Und sowohl die nächsten Platten von Dieter Boh-len und seinen Superstar-Zöglingen sowie die unausweichliche Heimsuchung des Oliver Pocher als Gottschalks Wetten-dass-Nachfolger bleibt uns erspart. Sie sehen, die Vernichtung der Menschheit hat auch ihre guten Seiten.

Natürlich wäre das ein herber Schock für viele Sekten und religiö-se Fanatiker, die jahrzehntelang den Weltuntergang gepredigt ha-ben. Ihre apokalyptischen Feldzüge waren umsonst, sie hätten lieber ein ausschweifendes Leben führen sollen, als unbedarfte Mitmenschen in aller Herrgottsfrühe an Feiertagen oder Sonnta-gen aus den Betten zu klingeln, um sie vor der bevorstehenden

Apokalypse zu warnen. Von wegen Weltuntergang, die Welt ist das Einzige, was übrigbleiben wird.

Natürlich ist das ein ziemlich pessimistischer Gedanke, obwohl, so richtig schlecht finde ich ihn gar nicht – auch wenn ich selbst danach nicht mehr mit von der Partie bin. Zumindest wären dann alle Forderungen der letzten Jahrzehnte erfüllt: eine friedliche, intakte Welt, die beruhigt in die Zukunft blicken kann. Und langweilig wird's auch nicht. Die Natur hat schon einmal bewiesen, dass sie aus einem kleinen Haufen Materie eine ganze Menge auf die Beine stellen kann.

Wahrscheinlich passiert aber nichts von alldem. Ein paar unwichtige Elektronenhirne werden einen kleinen Schluckauf kriegen, und danach geht alles wieder seinen gewohnten Gang. Nur das dann eine prachtvolle 2 am Anfang jeder Jahreszahlenniederschrift etwas Majestätisches und Fortschrittliches verleiht. Naja, war ja bloß eine Idee. Obwohl, Ende 2999 komme ich noch mal drauf zurück.

Nachbarn

Ganz gleich, wie oft man in seinem Leben umzieht, sie sind immer schon da: die lieben Nachbarn. Sie warten förmlich darauf, dass man kommt, für sie greifbar wird, es wagt, sich in ihrer Nähe niederzulassen. Ihren Hausflur zu betreten – womöglich mit dreckigen Straßenschuhen. Die Tür zum Keller versehentlich offenstehen lässt, was besonders in bundesdeutschen Mehrparteien-Mietpalästen einer offenen Kriegserklärung gleichkommt. Auch sollte man es niemals wagen, nach einem langen, anstrengenden Tag, Abends so gegen 20 Uhr zu duschen oder sich trauen, noch rasch die Waschmaschine anzustellen. Gesteinigt zu werden oder auf einem lodernden Scheiterhaufen zu brennen ist dagegen eine humane Art des Sterbens.

In den ersten zehn Jahren nach der Loslösung von meinem Elternhaus bin ich exakt fünfmal umgezogen und daher durchaus in der Lage, bei diesem brisanten Thema mitzureden. In meiner allerersten Wohnung dauerte es nach Betätigen des Duschhebels oder nach Einschalten meiner Waschmaschine maximal drei Minuten, bis ich das energische, im steinernen Hausflur vielfach verstärkte, aggressive Herunterdrücken einer Wohnungstürklinke vernahm. Für meine Nachbarin war das Rauschen von Wasser nach 18 Uhr ein klares und unmissverständliches Angriffssignal. Die resolute Mitsechzigerin, deren Erscheinung in puncto Gewicht und Aussehen an die legitime Schwester der Wildecker Herzbuben erinnerte, blies bei gluckernd-glucksenden Geräuschen stets schnaufend zur Attacke.

Unter ihren gänsebrätergroßen Füßen, die stets in viel zu zierlichen goldfarbenen Hausschuhen steckten, bei denen jeder Blindenhund sofort in wehklagendes Bellen ausgebrochen wäre, bebten die alten Stufen der Mietsbehausung. Dieses wuchtige, markerschütternde Wummern beim Erklimmen der Geschosse, dass ich in anfänglicher, jugendlicher Unwissenheit für die definitive Rückkehr Godzillas gehalten hatte, ließ mich ängstlich und ganz automatisch das Wasser abstellen. Obwohl das, was sich anschließend vor meiner Wohnungstür abspielte, hohen Unterhaltungswert besaß. Meine Nachbarin vermied es nämlich strikt, mich aus der Wohnung zu klingeln, um mir Auge in Auge mitzuteilen, was sie von mir und meinen nächtlichen Wasserspielen hielt. Vielmehr baute sie sich, endlich oben angekommen, vor meiner Wohnungstür zu voller Größe auf und suchte unter atemlos hervorgestoßenen Verwünschungen lautstark nach dem Schuldigen. Ohne jedoch auch nur einmal meinen Namen zu nennen. Nach wenigen Minuten verschwand sie ebenso geräuschvoll, wie sie gekommen war, jedoch nicht ohne ihre eigene Wohnungstür mit einem durch das gesamte Haus gut hörbaren „Warts nur ab, Bürschchen" zuzuschlagen.

Nachdem ich das erste Mal Ohren- und dank eines Türspions auch Augenzeuge dieses Schauspiels wurde, schlich ich die nächsten Tage nur noch mit den Schuhen in der Hand an ihrer Wohnung vorbei. Aber niemals passierte etwas. Selbst wenn sie mich wehrlos und mutterseelenallein auf der Straße antraf, grüßte sie nur freundlich, als sei nichts gewesen und wankte plastiktütenbehängt Richtung Heimat.

Im Laufe der Jahre hatte ich mich richtig an ihre Macke gewöhnt. Das Wasser stellte ich schon längst nicht mehr ab, wenn ich das donnergrollende Stufenstampfen hörte, und manchmal schlich ich sogar in den Wohnungsflur, um noch dichter am Geschehen zu sein. Dass ich jedoch Freunde und Bekannte gegen Zahlung eines übersichtlichen Geldbetrages durch den Türspion habe schauen lassen, damit sie passend zum kehligen Fluchen auch das dazugehörige breitformatige Bild erhaschen können, ist eine Erfindung. Fest steht lediglich, das ich bis heute, sobald ich eine neue Wohnung bezogen habe, zuerst den kombinierten abendlichen 20 Uhr-Waschmaschinen- und Dusch-Test durchführe. Aber leider haben sich die Zeiten radikal geändert. Außer ein paar Anzeigen wegen Ruhestörung, den üblichen telefonischen Drohanrufen und rüden Krückstockattacken gegen meine Wohnungstür, war in den letzten Jahren nichts mehr dabei, was auch nur annähernd an die unterhaltende Qualität meiner ersten Nachbarin heranreichen konnte. Ich habe es daher schon lange aufgegeben, nach gleichwertigem Ersatz zu suchen. Heute bin ich bereits zufrieden, wenn ich dreimal täglich auf das Einhalten der Flurwoche hingewiesen werde oder ein besorgter, steinalter Nachbar meine sorgsam vor dem Haus abgestellten gelben Säcke mit seiner Gehhilfe nach nicht dort hineingehörendem Abfall durchstöbert. Auch wundere ich mich nicht mehr über Wohnungsanzeigen wie diese: Weitläufige 6-Raum-Erdgeschoß-Wohnung, 140 qm, mit Terrasse und großem Garten an ruhiges, älteres Ehepaar abzugeben. Kinder unerwünscht – Hund angenehm.

Ach, wie vermisse ich meine erste Nachbarin.

Nur fliegen ist schöner

Schon mal geflogen? Das ist doch immer wieder ein Erlebnis. Ich meine hier nicht die großartige Technik, sondern was man dabei alles erleben kann. Beispiel gefällig? Gern.

Wir entschlossen uns über Pfingsten Freunde in Bayern zu besuchen. Um für drei Tage aber nicht 20 Stunden während der Hin- und Rückfahrt auf überfüllten Autobahnen dahinzuvegetieren oder die utopischen Summen für Bundesbahntickets zu berappen, die immer dann schwindelerregende Höhen erreichen, sobald sich ein Feiertag vor oder nach einem Wochenende einschleicht, griffen wir auf die Nachttarife der Fluggesellschaften zurück und entschieden uns für einen sogenannten Zubringerflug. Das bedeutet, dass wir zusammen mit Sommerhütchen- und hawaiihemdbewaffneten Touristen flogen, die von München aus ihre Weiterreise in die Feriengebiete der Welt antraten. Der Nachttarif ist hierbei nicht allzu wörtlich zu nehmen. Bei der von uns gewählten dreibuchstabigen Charterlinie bezog sich diese Preisgruppe auf Starts und Landungen von 18.00 Uhr bis 23.00 Uhr. Also durchaus christlich zu nennende Reisezeiten.

Frohgelaunt erreichten wir gegen halb acht den Düsseldorfer Flughafen. Der Abflug war auf 20.30 Uhr terminiert und unsere Maschine bereits auf der großen Anzeigetafel ausgewiesen. In knapp zwei Stunden würden wir bereits Münchener Boden unter den Füßen haben. Ein wunderbarer Gedanke. Da wir nur Handgepäck mitführten, begaben wir uns direkt zum entsprechenden Gate (früher hieß das noch Abflugschalter). Dadurch mussten wir zwar auf eine der immer wieder anfallenden köstlichen kleinen Geschichten bei der Gepäckabgabe verzichten, hatten dafür jedoch umso weniger zu tragen. An unserem Gate war von den restlichen Passagieren noch niemand zu sehen, und wir brillierten bei den sehr freundlichen Stewardessen mit einem souveränen Check-In. Lediglich die Tatsache, dass ich statt der beiden Flugscheine aus Versehen zwei mit einigen Notizen bekritzelte Schmierzettel vorlegte, trübte etwas unseren sonst sehr professionellen Eindruck. Jedoch war gerade dieser kleine Faux Pas Anlass zu einer netten, zwanglosen Konversation. Zwei geräumige Plätze am Notausstieg waren die Belohnung.

In der einstmals Wartehalle genannten heutigen Lounge befanden sich große Kaffee- und Teeautomaten. Als wir eintraten, sahen wir, wie eine etwa 70jährige Frau sich mit einer dieser Zweieinhalbliter-Thermospumpkannen in Manövermanier auf eine der Heißgetränkemaschinen zubewegte, um einen nicht enden wollenden Schwall Kaffee in ihrem Riesenbehältnis verschwinden zu lassen. Von einer den Vorgang beobachtenden Flugbegleiterin in einem mehr als freundlichen Ton angesprochen, was sie denn da vorhabe, entgegnete die Oma zornig und beleidigt, dass sie ja wohl ihr Ticket bezahlt hätte und soviel Kaffee nehmen könne wie sie wolle, das ginge wohl niemanden etwas an. Derart zurechtgewiesen wechselte die Stewardess die Gesichtsfarbe, wobei ihr recht zierlicher Hals um mehr als das Doppelte anschwoll. Sie holte tief Luft, schritt mit aggressiven Schritten auf die beiden Automaten zu und stellte sie mit einer wütenden Handbewegung ab. Die alte Dame quittierte diese Aktion mit einem schnippischen Grinsen und deutete auf ihre bereits volle Megakanne. Danach drehte sie sich leichtfüßig um und wollte losmarschieren. Leider hatte sie es sich bei diesem Rückzugsmanöver in den Kopf gesetzt, um keinen Preis ihren arroganten Blick von der Stewardess abzuwenden. Schließlich sollte die Niederlage der Fluglinienangestellten noch einmal deutlich unterstrichen werden. Woran Omama jedoch nicht mehr dachte, war die von ihr selbst direkt hinter sich geparkte Reisetasche, die die perfekte Siegesparade gekonnt vereitelte. Sie rannte frontal in das Gepäckstück, verlor das Gleichgewicht, stürzte und riss dabei beide Hände ruckartig nach vorne, um den bevorstehenden Sturz abzufedern. Dabei musste sie sich jedoch ihrer Thermoskanne entledigen, die in einer einwandfreien ballistischen Kurve in Richtung Eingangstür flog, in der soeben die Cockpitbesatzung erschien.

Das riesige, kunststoffummantelte Geschoss schlug direkt vor den Füßen des verdutzten Flugkapitäns auf, zersprang in hunderte kleiner Scherben und ließ Schuhe und Hose des Luftkutschers in aromatisch duftendem Kaffee versinken. Ein Bild, das die Passagiere nach einer angemessenen Schrecksekunde in schallendes Gelächter ausbrechen ließ.

Da die Thermoskanne ihrer Bestimmung – heiße Getränke über mehrere Stunden auch heiß zu halten – mehr als gerecht wurde, vollführte der Überschüttete einen Stepptanz, der durchaus mit namhaften Broadwaygrößen konkurrieren konnte. Derart überschwänglich begrüßt, verschwand der Kapitän samt Besatzung blitzschnell in seiner Maschine und die alte Dame rannte zeternd und Schadensersatzforderungen einklagend hinter sämtlichen im Warteraum befindlichen Uniformträgern her.

Während dieses Vorgangs starrte ein anderer Herrn bereits geraume Zeit gebannt in die neben uns liegende Warteabteilung einer Linienfluggesellschaft, die für die stilisierte Vogeldarstellung an den Heckflossen ihrer Maschinen weltweit bekannt ist. Das dort für die Passagiere aufgebaute kleine Buffet ließ er nicht aus den Augen. Unser starrender Mitflieger fühlte sich wohl benachteiligt ob der nebenan gedeckten Tafel und sprach die sowieso schon mitgenommene Getränkeautomatenausschalterin in unschwer erkennbarer bayerischer Mundart an, ob er sich nebenan nicht auch eine Brotzeit zusammenstellen könne. Die Angesprochene bemühte sich um Contenance und verneinte. Der Bayer zog beleidigt ab und setzte sich mit einem bösen Gesichtsausdruck in die hinterste Ecke.

Durch derlei kurzweilige Einlagen verging bereits die Wartezeit wie im Flug (Entschuldigung, ich konnte diesem Wortspiel nicht widerstehen), und schon wurden wir aufgefordert, die Maschine zu besteigen. Vorab jedoch, wie üblich, die freundlich Bitte, zunächst Eltern mit Kleinkindern, Behinderten und gebrechlichen Menschen den Vortritt zu lassen, damit diese sich in aller Ruhe installieren können.

Beeindruckend, wer sich alles für ein Kleinkind, behindert oder alt und gebrechlich hielt. Die Stewardessen hatten Mühe, die Originale von den Fälschungen zu trennen. Selbstverständlich war auch unsere resolute Thermosoma mit an vorderster Front. Uns fiel jedoch auf, dass ihr vorher äußerst energischer Gang nun hinkend geworden war und sie zudem stark vornübergebeugt den Einstiegsfinger entlang humpelte. Eine einwandfreie schauspielerische Leistung.

Als endlich die kleine Gruppe tatsächlich Privilegierter in der Maschine verschwunden war, passierte etwas, was einer Massenpanik nicht unähnlich war. Als ginge es darum, den letzten Flug vor der bevorstehenden Zerstörung des Flughafens durch Godzilla zu erwischen, stürzten fast sämtliche noch in der Abflughalle verbliebenen Passagiere auf die beiden für das Besteigen des Flugzeuges zuständigen Stewardessen, um sich des Luftfrachters zu bemächtigen. Man hätte annehmen können, dass lediglich für die ersten einhundert Passagiere Sitzplätze vorhanden waren. Wir hingen noch der Überlegung nach, ob sich vielleicht irgendeiner dieser Vandalen die Frage stellte, warum er beim Einchecken eine Platzkarte erhalten hatte.

Wehmütig schielten wir durch die große Glaswand in die angrenzende Halle des Linienfliegers, in der parallel ebenfalls zum Inlandsflug nach München aufgerufen wurde. Gesittet und ruhig standen die ersten auf und begaben sich in Richtung Einstieg. Wie von selbst bildeten sich zwei gesittete kleine Reihen, die mühelos von den die Flugscheine kontrollierenden Damen abgefertigt werden konnten. Das hatten wir also davon, dass wir hundert Mark sparen wollten.

Nachdem die Schlacht weitgehend geschlagen war und sich der Gang zur Maschine langsam geleert hatte, bestiegen auch wir das Flugzeug. Ein kleiner Engpass war noch einmal hinter dem eigentlichen Einstieg ins Flugzeug zu überstehen. Die dort liegenden Zeitschriften und Zeitungen, von denen man sich bei Bedarf eine Lektüre für den knapp 50minütigen Flug aussuchen konnte, waren durch die Stampede der Vorhut über den Kabinenboden verstreut worden.

Kopfschüttelnd ging es vorbei an den bereits Sitzenden, auf deren Schößen sich bis unter die Brust ein buntes Spektrum der deutschen Presselandschaft stapelte. Selbst für einen sehr fleißigen Redakteur wären diese Berge in der Kürze der zur Verfügung stehenden Flugzeit nicht zu bewältigen gewesen. Aber was soll's, es war ja umsonst und da greift der rezessionsgeplagte Deutsche gerne und reichlich zu.

Als wir endlich unsere Sitzplätze erreicht hatten, richteten sich dort gerade zwei sehr blonde junge Damen häuslich ein und ihre Optik und Ausdrucksweise verstärkte bei mir den Eindruck, dass beide sehr wahrscheinlich montags einen freien Tag haben. Da wir mit zu den Letzten gehörten, die die Maschine bestiegen, blieben wir direkt vor den immer noch agilen Grazien stehen und warteten. Gefühlte zwei Tage später wurden wir auch schon bemerkt und es entspann sich, und das schwöre ich unter Eid, folgender Dialog:

– „Wollen Se durch. Wartense ma'n Moment."
– *„Nein danke, wir würden nur gerne unsere Plätze einnehmen."*
– „Nee Meister, dat sin unsere."
– *„Sind Sie da ganz sicher?"*
– „Klaro, wir haben 48 und 49."
– *„Na da bin ich ja beruhigt, wir haben nämlich 32 und 33."*
– „Siehste Alter, dann such ma' schön weiter."

Ihre Kollegin tippte meiner Gesprächspartnerin nach einem Blick auf die Sitznummerierung auf die Schulter und zischelte: „Scheiße eh', der hat recht, wir sitzen auf 32 und 33, nich' auf 48 und 49." Darauf die Angestoßene: „Man eh', bisse zu blöd zum Kucken, oder wat?"

Wild gestikulierend sahen wir die beiden den Gang entlang nach hinten verschwinden und ließen uns zufrieden in unsere Sitze fallen. Die Anschnallzeichen leuchteten bereits auf, als beim

87

Bordpersonal eine gewisse Hektik festzustellen war. Die Flugbegleiter liefen mehrfach durch die Gänge und zählten wiederholt und akribisch die anwesenden Fluggäste. Eine Durchsage brachte Klarheit, ein Passagier fehlte. Er hatte wohl eingecheckt, befand sich aber nicht an Bord. Aus Sicherheitsgründen durfte das Flugzeug daher nicht zur Startbahn rollen. Es verstrichen Minuten, bis vorne ein Mann einstieg, der abgehetzt, aber glücklich zwei prallgefüllte Plastiktüten an sich presste, die deutlich einen stilisierten Kranich zeigten. Eine Stewardess führte ihn mit strafendem Blick zu seinem Platz.

Endlich ging es weiter zur Rollbahn und wir starteten mit leichter Verspätung. Aufgelockert wurde der Flug von einem Gast, der während der Steigflugphase die Anschnallzeichen missachtete und die Toilette aufsuchen wollte. Er wurde davon jedoch von einer im nachhinein schwer zu ermittelnden Zahl unfreiwilliger Salti und geschraubter Pirouetten abgehalten, die ihn donnernd in die rückwärtige Bordwand einschlagen ließen. Beim Austeilen der Getränke bemerkten wir zudem eine recht betagte, aber äußerst fidele ältere Dame, die hinter dem Rücken des Personals heimlich eine der vollen Thermoskannen vom Servierwagen stibitzte, sie in ihrer koffergroßen Handtasche verschwinden ließ und dann lauthals eine erneute Befüllung ihres Pappbechers verlangte.

Postkarten

Gibt es eigentlich noch Postkarten? Ich meine nicht diese bunten, palmenbewehrten Ansichtskarten, die man der Oma aus der Karibik schickt, damit sie weiß, dass ihre monatlichen Zuwendungen gut angelegt sind. Auch nicht die wunderbar einfallslosen Sommergrüße von sich in der Sonne räkelnden Nackedeis, die Kegelbrüder gerne in komafreien Stunden an die Arbeitskollegen verschicken. Nein, ich meine diese ganz einfachen, schlichten grauen Kärtchen, die man nach hartnäckigem Anstehen im Postamt erwerben konnte. Zugegeben, sie waren graphisch keine Augenweide, eigentlich eher schäbig. Aber Linien für Anschrift und Adresse waren schon drauf und idiotensicher stand darunter, was man wo einzutragen hatte. Und erst die Rückseite. Völlig unbedruckt. Keine störenden Felder, Linien oder Kästchen. Man konnte schreiben wie einem der Stift gewachsen war. Hochkant, quer oder diagonal, der kreative Geist unterlag keinerlei Beschränkungen.

Und die Briefmarke war auch schon drauf – und zwar gedruckt. Kein lästiges Abreißen von unhandlichen Hunderterblöcken, bei denen die Marke sowieso immer dort einriss, wo sie garantiert nicht perforiert war. Auch blieb einem das eklige Anlecken erspart. Dieser bittere Geschmack, bei dem es einem vorkam, als wäre man aus Versehen in Bordsteinhöhe mit der Zunge an eine Straßenlaterne geraten.

Nein, diese Postkarten waren perfekt. Sie wurden gekauft und waren sofort gebrauchsfertig – quasi Instant-Karten. Auch war ein Leben ohne sie kaum denkbar. Denn bei fast jeder Samstagabendsendung konnten die Fernsehzuschauer etwas gewinnen, da jede große Show mit dem obligatorischen Satz endete: „Und die Lösung schreiben Sie bitte auf eine Postkarte und senden sie bis zum Freitag kommender Woche an …".

Ja, so war's. Meine Oma hatte bündelweise Postkarten in der Küchentischschublade, die instinktiv und hektisch heraus gefingert wurden, sobald der Moderator die magischen Worte sprach. Natürlich kann man auch heute als TV-Zuschauer etwas gewinnen. Besser gesagt, es ist fast unmöglich bei irgendeiner Fernsehsendung nichts zu gewinnen. Aber ganz gleich, wann ein Zuschauerquiz läuft, die Teilnahmebedingungen haben sich doch drastisch geändert, denn man hört heute Sätze wie: „Wenn Sie die Antwort wissen, rufen Sie unsere Jackpot-Hotline an, schicken Sie uns eine Lösungs-E-Mail oder fragen Sie das Zuschauer-Gewinnfax ab." In diesen Momenten denke ich sehr gern an meine Oma und ihre prallgefüllte Küchentischschublade.

Promi-Boxen

Wieder einmal fiel unmerklich eine weitere Niveaugrenze in unserer großen weiten privaten Fernsehlandschaft. Mit Promi-Boxen als familientauglicher Samstagabend-Unterhaltung. Waren die Sender jetzt komplett übergeschnappt oder hatte Ur-Big-Brother-Zlatko heimlich den Intendantensessel von RTL gekapert? Da stellte man doch tatsächlich abends zur besten Sendezeit sechs D-Prominente in den Boxring und ließ sie vor laufenden Kameras aufeinander einprügeln. Ruhrgebiets-Vorzeigeproll Ralf Richter schlägt sich mit Joey Kelly, dem Triathleten-Schönling der singenden Altkleidersammlung und der IQ-Riese und Bruce-Lee-für-Geistesschwache Claude-Oliver-Rudolph wollte den „Herzblatt-Moderator" und deutschen Vorzeige-Farbigen Pierre Geisensetter vertrimmen. Damit auch die männliche Bier-, Chips- und Couchfraktion ordentlich was zu glotzen hatte, hopsten zudem noch die in die Jahre gekommene Heavy-Metal-Leder-Chanteuse Doro Pesch und das Ex-Porno-Sternchen Michaela Schaffrath kurzbehost durch den Ring. Als wäre diese an Dämlichkeit kaum zu überbietende Show nicht schon der Gipfel der privaten Fernsehpeinlichkeit, setzen die Unverantwortlichen des Senders noch einen drauf, in dem die amerikanische Ansagesirene Michael Buffer die Kontrahenten ankündigte, Ex-Schwergewichtler Axel „Babyface" Schulz die Kämpfe kommentierte und Formel-1-Boxengassen-Derwisch Kai Ebel den Krawallabend moderierte.

Mit dieser komplett sinnfreien Showidee haben wir wohl eine weitere Hürde auf dem Weg zur finalen Zuschauerverblödung genommen. Den Programmmachern reicht es längst nicht mehr, uns in den täglichen Talkshows mit dem Brunft- und Kopulationsverhalten des Bodensatzes der Bevölkerung und den fleischgewordenen Ergebnissen der Pisa-Studie zu traktieren … nein, jetzt musste auch noch live Blut fließen.

Gut, generell habe ich nichts dagegen, dass abgehalfterte Promis ordentlich was auf die Schnauze kriegen. Jedoch, wenn schon Action, dann bitte final. Schickt Ralf Richter gegen Sven Ottke in den Ring, lasst Joey Kelly von Markus Beyer verschönern, sich Rüdiger Mey intensiv um Claude-Oliver-Rudolph kümmern und Timo Hofmann das Antlitz von Pierre Geisensetter breitwandtauglich gestalten. Hei, wäre das ein Spektakel. Kurze, knackige Kämpfe, werbewirksame Einsatzmöglichkeiten der gesamten Fernsehkrankenhausserienmischpoke und das Schönste, der ganze Spaß wäre nach knapp 30 Minuten gelaufen.

Ich weiß, soweit wird es nicht kommen. So debil sind selbst diese Möchte-Gern-Alis nicht. Aber vielleicht sollten wir uns schon mal auf weitere komplett sinnfreie Fernsehformate vorbereiten. Zum Beispiel ein 10-Meter-Turmspringen mit den Wildecker Herzbuben, Ottfried Fischer und Dirk Bach. Oder Lothar Matthäus, Edmund Stoiber und Boris Becker messen sich in einer Rhetorikmeisterschaft. Als Höhepunkt sendet RTL dann vielleicht irgendwann live vom Nürburgring ein Tourenwagenrennen mit Corinna May, Andrea Bocelli und Stevie Wonder. Denn schließlich gilt auch in Zukunft: Jedes Fernsehpublikum bekommt das Programm, das es verdient. Sind wir also lieber auf alles vorbereitet und tragen es mit Fassung.

Reisen zu Dumpingpreisen

Vor nicht allzu langer Zeit spülte es Ryanair-Chef Michael O'Leary in eine der zahlreichen Kneipen des Bochumer Bermuda-Dreiecks. Dort marschierte er zielstrebig an die Theke und bestellte ein großes Glas frisch gezapften Bieres Bochumer Brauart. Aufgrund eines noch nicht lang zurück liegenden Urlaubs erkannte der gestandene Zapfer den bekannten Manager umgehend, nickte wohlwollend und antwortete: „Kein Problem, Herr O'Leary, das macht einen Euro." Der Ryanair-Chef war verblüfft, legte gut gelaunt eine glänzende Münze auf den blankpolierten Tresen und meinte: „Das ist aber sehr billig, mein Bester."

Freundlich lächelnd entgegnete der Barmann: „Nun ja, wir versuchen dem Wettbewerb immer einen Schritt voraus zu sein, indem wir hier das billigste Bier in ganz Nordrhein-Westfalen verkaufen. Außerdem gibt es bei uns jeden Mittwochabend zwischen 18 Uhr und 19 Uhr Freibier."

„Bemerkenswert, sehr bemerkenswert!", entfuhr es dem Irländer, während sein Tresen-Gegenüber feststellte: „Ich sehe gerade, Sie scheinen kein Glas dabei zu haben, da brauchen Sie dann wohl eines der unsrigen, was?" – Der Ryan-Air-Chef nickte verdutzt. „Das macht dann noch mal drei Euro, bitte!" O'Leary grummelte unverständlich vor sich hin, entrichtete jedoch artig die zusätzlich geforderte Summe und der Barmann griff motiviert nach einem Glas und begann seelenruhig zu zapfen.

Einige Minuten später nahm Mr O'Leary sein kühles Getränk entgegen und verschwand in Richtung Gastraum. „Ah,", rief der Mundschenk ihm hinterher, „wie ich sehe, wollen Sie sich setzen und Ihr Bier bei uns trinken? Das freut uns natürlich sehr, aber leider werden dadurch noch einmal zwei zusätzliche Euro fällig. Übrigens, hätten Sie Ihren Platz im voraus gebucht, wären satte 50 Prozent Ersparnis drin gewesen. Ein kostenfreier Tipp von mir fürs nächste Mal."

Der Airline-Chef musterte den Zapfer noch ungläubig, als dieser bereits mit seinen Erläuterungen unbeirrt fortfuhr: „Sie werden entschuldigen, mein Herr, aber ich kann mich des Eindrucks nicht erwehren, dass Sie für diesen Stuhl dort doch ein bisschen zu groß gewachsen sind. Würden Sie sich daher freundlicherweise auf diese Bank hier setzen. Vielen Dank."

Michael O'Leary versuchte sich trotz der freundlichen Aufforderung auf eines der viel zu kleinen Sitzmöbel zu zwängen. Als dies keinen Erfolg versprach, stampfte er missmutig zurück an die Bar und beklagte sich lautstark. „Mein Gott, auf diese winzigen Schemel passt doch kein Mensch!"

„Das tut mir sehr leid, aber wenn Sie nicht auf einen unserer genormten Stühle passen, müssen Sie sich auf die Bank setzen. Sie werden jedoch verstehen, dass ich Ihnen dafür eine Zusatzgebühr in Höhe von vier Euro berechnen muss, da wir in unserem Gastraum leider kaum Platz für derart große Bänke haben."

O'Leary ist jetzt außer sich, schnaubt vor Wut, bezahlt jedoch auch diesen zusätzlichen Betrag. Sein Pils hat mittlerweile die wunderbare Schaumkrone eingebüßt und ist in Optik und Konsistenz jetzt den Gebräuen seiner Heimat deutlich näher gekommen.

Der Bierwart nimmt den Stimmungsumschwung seines Gastes durchaus wahr, bleibt jedoch gelassen und fährt ungeniert und noch eine Spur freundlicher fort: „Wie ich sehe, beabsichtigen Sie gerade Ihren Laptop in Betrieb zu nehmen. Leider haben Sie es auch hier verabsäumt, diesen vor Ihrem Besuch bei uns anzumelden, so dass ich schweren Herzens um weitere drei Euro PC-Gebühr bitten muss."

Jetzt steht der Kerrygold-Gast endgültig vor einem kapitalen Herzriss, marschiert wutentbrannt auf die Theke zu, knallt das Pils auf den Tresen und brüllt: „Das ist doch wohl komplett lächerlich, was Sie sich hier mit Ihren Gästen erlauben. Ich will sofort den Manager sprechen".

„Ah, der Herr hat sich schlussendlich doch wieder für den Tresen entschieden. Unter uns, eine gute Wahl. Das macht dann bitte noch einmal zwei Euro Sitzplatzwechselgebühr."

O'Leary's Gesichtsfarbe ist nach dieser Entgegnung im tiefroten Bereich angekommen. Schweiß läuft in dünnen Bahnen über seine

Wangen, zwei prall gefüllte, strohhalmdicke Adern pulsieren gefährlich bläulich an seinen Schläfen und er atmet hörbar schwer: „Wissen Sie eigentlich, wen Sie hier vor sich haben?"

„Aber selbstverständlich, Herr O'Leary", versichert ihm der Kneipling in freundlich-jovialem Ton. „Wir legen größten Wert darauf, unsere Gäste zu kennen. Sie sind Michael Kevin O'Leary, irischer Geschäftsmann und Vorstandsvorsitzender der Billigfluglinie Ryanair ... kann ich vielleicht mit einer weiteren Auskunft behilflich sein?"

„Pass mal auf, Bürschchen. Ich habe die Schnauze von Deinem Scheißladen so dermaßen voll. Was seid Ihr hier eigentlich für eine Abzockerbude? Da will man lediglich ein einfaches Bier trinken und wird dann dermaßen über den Tisch gezogen, dass ich kotzen könnte. Ich will jetzt auf der Stelle Deinen Boss sprechen."

„Selbstverständlich, absolut kein Problem. Hier haben Sie die E-Mail-Adresse meines Chefs. Falls Sie es wünschen, können Sie ihn auch persönlich anrufen. Sie erreichen ihn von Montag bis Dienstag in der Zeit von 9 Uhr bis 9.04 Uhr unter dieser Gratis-Telefonnummer. Jeder Anruf ist natürlich kostenfrei. Aber selbstverständlich nur so lange er nicht beantwortet wird. Sollte sich am anderen Ende jemand melden, ist pro Sekunde eine Gesprächsgebühr in Höhe von 10 Cent fällig."

„Sie, Sie ...," der Billigflugpionier ringt nach Luft und Worten, kann beides weder finden, noch koordinieren und erntet nun selbst von den desinteressiertesten Gästen ein zumindest im Ansatz verständnisvoll zu nennendes Lächeln.

„Ich schwöre Dir, Deinen Scheißpuff hier werde ich in meinem ganzen Leben garantiert nie wieder betreten. Ihr glaubt wohl, Ihr habt hier ne Lizenz zum Geld drucken, was?"

„Lieber Herr O'Leary," säuselt der Barmann hinter seinem Tresen, „das geht selbstverständlich völlig in Ordnung und ist einzig und allein Ihre ganz persönliche Entscheidung. Aber bitte vergessen Sie trotz Ihrer Resentiments nicht, dass Sie hier in der einzigen Kneipe NRWs sind, in der Sie ein kühles, frisch gezapftes und mehr als leckeres Pils für nur einen einzigen Euro bekommen."

Rückkehr sehr fraglich

Eigentlich begann alles wieder einmal damit, dass Dr. Letbetter zur diensthabenden Stationsschwester sagte: „Sie können das Beatmungsgerät jetzt abstellen, der Herr Stockmann atmet wieder selbstständig" – „Nicht wahr, Herr Stockmann, war nur ein kleiner Ausrutscher, gell?"

Der mit Stockmann angesprochene nickte schwach und versuchte ein Grinsen auf sein schweißnasses Gesicht zu zaubern. Schwester Dörte, eine Seele von Mensch und die Leitung der Station, tat kopfschüttelnd wie ihr geheißen und schaltete ab. Dieser voreilige Schritt sollte sich später als folgenschwerer Fehler herausstellen, aber für diese Art Inkompetenz war Letbetter ja bereits über die Grenzen des eigenen Krankenhauses hinaus bekannt. Nachweisen konnte ihm bisher jedoch noch niemand etwas. Er galt als oberflächlich und von einer nicht zu überbietenden Arroganz. Auch diesmal sollte er seinem Ruf gerecht werden.

Nachdem er das Patientenzimmer verlassen hatte und mit seinem „Seht her, ich bin der Retter der Menschheit"-Schritt, den langen Flur der Station durchmaß, um am Ende im Fahrstuhl zu verschwinden, nahm das Chaos seinen fast schon gewohnten Lauf. Schwester Dörte räumte noch rasch das Zimmer auf, steckte das Bettlaken fest und nestelte etwas an den aus der Form geratenen Vorhängen, als ihr wieder selbstständig atmender Patient mit einem lauten Röchler jegliche Form der Sauerstoffaufnahme einstellte und regungslos in den Kissen lag. Dörte, der ruhende Pol der Stationscrew ergriff geistesgegenwärtig, jedoch ohne erkennbare Hektik, die Schelle am Bett des Patienten und klingelte Alarm, damit die restliche Mannschaft ihr zur Hilfe eile. Im Leben einer Krankenschwester ein routinierter, antrainierter Reflex, der normalerweise den Anfangspunkt einer Kette von Maßnahmen zur Reanimation des soeben auf EKG-Nulllinie abgetauchten Patienten markiert. Positiv für den momentan „luftleeren" Herrn Stockmann war die Tatsache, dass er im Beisein der Schwester den letzten Japser tat, was seine Chancen auf eine Rückfahrkarte ins irdische Leben normalerweise stark erhöht.

Sekunden später flog auch schon die Zimmertür auf und weitere drei Stück Pflegepersonal eilten der Klingelnden zu Hilfe. Alles lief nach Plan. Manfred, einer der Pfleger, verließ nach einer schnellen Schadenseinschätzung gleich wieder das Zimmer, um den verursachenden Doktor zurückzuholen. Gernot und Thekla unterstützten ihre Kollegin Dörte. Der Notfallkoffer wurde heran gewuchtet, der Patient in einer Gemeinschaftsaktion angehoben, damit man ihm für die Wiederbelebung ein stabiles Brett unterschieben konnte, da die weiche Matratze sonst bei der Herzmassage zu sehr nachgibt und der Effekt gleich Null ist. Eine simple Grundregel, die zu jeder Anfangslektion eines einfachen Erste-Hilfe-Kurses gehört.

Gerade als man den immer noch leblosen Körper angehoben hatte, stolperte Letbetter ins Zimmer und übernahm sofort die Regie. Er stieß die helfenden Hände an seinem Patienten zur Seite, so dass dieser wieder rücklings in sein Bett plumpste. Die erbosten Blicke des Personals kommentierte er mit einem knappen „Das merkt der ja eh' nicht". Jetzt sprang er rittlings auf Herrn Stockmann, eine Aktion, die einem Pferdsprung bei der Turn-WM nicht unähnlich war, wenn auch nicht ganz so elegant. Er nahm Maß und verpasste dem unter ihm liegenden einen gezielten Boxhieb auf die Herzseite, ein Schlag, der unter Wiederbelebungsexperten als präkardialer Faustschlag bekannt ist und als erster Impuls ans Herz selten seine Wirkung verfehlt. Einige Rippen im Brustkorb von Herrn Stockmann nahmen das ziemlich übel und brachen unter hörbarem Knacken. „So, jetzt beatmen, aber ein bisschen dalli. In 15 Minuten habe ich Pause, da will ich in der Kantine sein" blaffte er die fassungslos um ihn herumstehenden Mitarbeiter an. Schwester Thekla wollte etwas sagen, wurde aber bereits während der ersten Silben vom Doktor harsch angegangen, ob sie denn nicht verstanden habe, was er gesagt hätte und verstummte daraufhin augenblicklich.

Nach dem fulminanten Abwärtshaken begann Letbetter nun mit seiner sehr speziellen Form der Herzmassage. Er streckte seine beiden Arme lang vor sich aus, legte die linke Hand über die rechte und setzte die so verschränkten Hände auf Stockmanns Brustkorb. Jetzt begann er relativ rhythmisch auf dem Oberkörper des „Atemlosen" herumzudrücken, wobei er mit seiner gesamten Leibesfülle Schwung holte und diese Kraft dann über die ausgestreckten Arme an den Körper unter ihm weiterleitete.

Manfred versuchte derweil mit dem Beatmungsbeutel und der daran befindlichen Maske Nase und Mund des Patienten abzudecken, um ebenfalls nach einem bestimmten Schema die Beatmung einzuleiten. Dies wollte ihm jedoch nicht so recht gelingen. Grund dafür war Dr. Letbetter selbst, der in seiner ziemlich unorthodoxen „John-Wayne-Position" immer mehr Schwung aufnahm und zusammen mit Herrn Stockmann, auf dessen nun immer stärker federnden Matratze eine Trampolinnummer zum Vortrage brachte, die an Höhe und Eleganz zumindest dem europäischen Standard in dieser Sportart genügt hätte. Durch die fehlende stabilisierende Unterlage im Rücken des Patienten schraubten sich Ross und Reiter in immer luftigere Höhen, was Manfreds Aufgabe, mit der Maske des Beatmungsbeutels Nase und Mund zu verschließen doch enorm erschwerte und er zwangsläufig begann, auf der Stelle stehend mit den beiden Vorturnern mitzuhüpfen, was für Außenstehende ein sehr skurriles Bild bot.

Schwester Thekla versuchte nun erneut zu einem Tipp aus ihren Reanimationserfahrungen anzusetzen und rief laut und deutlich in die vor ihr stattfindende Turnstunde: „Dr. Letbetter, vielleicht sollten wir erst das Brett unter den Patienten schieben, damit der stabil und sicher liegt?" Hier hatte die mitdenkende Schwester ihren Kompetenzbogen ein wenig überspannt und den immer noch springreitenden Arzt in seiner aeskulapschen Ehre verletzt. Wie ein balancesuchender Rodeoreiter auf einem durchgehenden Bullen und mit vor Anstrengung hochrotem Kopf brüllte er die helfen wollende Schwester völlig außer sich vor Entrüstung an: „Was glauben Sie eigentlich, wer Sie sind. Ich weiß sehr wohl, was ich hier tue. Sie haben sich um die Pflege zu kümmern und um sonst gar nichts. Sie sind überhaupt nicht kompetent, Sie sind ja nicht einmal wissenschaftlich ausgebildet. Verschonen Sie mich mit Ihren Tipps."

Dadurch, dass sich Letbetter während seiner immer noch mit voller Konzentration durchgeführten Reanimation bei seiner Brüllattacke leicht seitlich drehen musste, um sein Opfer wütend ansehen zu können, hätte er beinahe den Halt verloren und es sah einen Moment lang so aus, als würde der Reiter mit lautem Poltern von seinem Pferd fallen. Die stützenden Hände des Pflegepersonals verhinderten jedoch Schlimmeres.

Manfred, wir erinnern uns, der Hochspringer, litt langsam unter akutem Konditionsmangel, da er nicht auf die hilfreiche Elastizität einer Matratze zurückgreifen konnte, die ihn bei seinen Sprüngen unterstützte. Er versuchte diesen Mangel dadurch auszugleichen, dass er seine Sprunghöhe merklich verringerte, dafür aber die Arme samt Beatmungsbeutel bei jedem Abheben der „Arzt-Patient-Einheit" gen Himmel streckte, um so den Höhenunterschied gekonnt auszugleichen. Der Effekt war natürlich gleich Null, da die Sauerstoff spendende Maske nur unkontrolliert über das Gesicht des Wiederzubelebenden rutschte und nicht ein einziger Beuteldruck die so dringend benötigte Luft in die dafür vorgesehenen Öffnungen am Kopf von Herrn Stockmann pumpte. Ein mehr als absurdes Theater, das sich dem immer noch ungläubig staunenden Personal bot. Ein Arzt, der mit pumpenden Armbewegungen einen Patienten zuritt und dabei mit ihm zusammen alle paar Sekunden einen guten halben Meter über dem Bett schwebte. Dazu gesellte sich ein in känguruhartiger Manier mithüpfender Pfleger, dessen Sprungvermögen jedoch merklich abnahm. Eine sehr kafkaeske Versuchsanordnung, die fast schon zu schenkelschlagendem Prusten reizte, wenn die Sache nicht einen gewissen ernsten Hintergrund gehabt hätte.

Als fast zwanzig kostbare Minuten verstrichen waren, stellte „Sheriff" Letbetter seine Wiederbelebungsbemühungen abrupt ein, stieg von seinem mittlerweile ziemlich ramponierten, aber immer noch das Leben verneinenden Opfer, schaute sichtlich erschöpft und betroffen auf die Uhr und meinte lapidar in die Runde: „Wenn wir ihn bis jetzt nicht zurückgeholt haben, hat es eh' keinen Sinn mehr. Glauben Sie mir, es ist besser für den Mann. Zeitpunkt des Todes … 10.47 Uhr."

Er ordnete ruhig und gelassen seinen Kittel, sammelte einige Utensilien ein, die ihm bei der stürmischen Aktion aus den Taschen gefallen waren, kämmte sich die Haare und notierte einiges im Krankenblatt von Herrn Stockmann. Danach marschierte er aufgeräumt Richtung Tür und bevor er das Zimmer verließ, drehte er sich noch einmal kurz um und teilte den wartenden Komparsen mit: „Die Sache mit dem Totenschein machen wir nach dem Essen. Ich informiere später noch die Angehörigen. – Tja, mit einer Mandelentzündung ist halt nicht zu spaßen."

Die Stationsbelegschaft begann bereits mechanisch mit den Aufräumarbeiten. Pfleger Manfred versorgte sich inzwischen selbst mit dem Beatmungsbeutel und bekam langsam wieder eine gesunde Gesichtsfarbe und zumindest seine Atmung normalisierte sich wieder. Nachdem man das Zimmer wieder in einen tadellosen Zustand gebracht und auch Herrn Stockmann einigermaßen menschenwürdig in seinem Bett angeordnet hatte, blickten alle noch einmal auf den wie schlafend wirkenden Patienten und murmelten fast gleichzeitig:

„Typisch Letbetter. Der Name ist einfach Programm."

Scotch Whisky – ein kultiviertes, goldenes Vergnügen

Man sagt, die Schotten mögen lediglich zwei Dinge nackt – das eine ist Whisky. Was das andere sein könnte, wollen wir hier ausklammern. Schließlich geht es um das Erkunden den Geist anregender Getränke und nicht um postpupertäre Fantasien zu groß geratener Jungen, in denen schummerige, Plüsch verkleidete Hottentotten-Bars mit chromstangenverzierter Theke die Hauptrolle spielen.

Was schottischen Whisky ausmacht, hat der englische Staatsmann und bis heute ungekrönte König der Sportverweigerung Sir Winston Churchill so auf den Punkt gebracht: „Er ist ein großes Rätsel, verpackt in ein Mysterium und verhüllt von unzähligen Geheimnissen." – Nun ja, nicht gerade erhellend, aber schön anzuhören und genau das, was man von einem Politiker erwartet.

Glaubt man den rotnasigen, karierten Rockträgern, die auch noch nach Jahren exzessiven Genusses in der Lage sind, sich verständlich zu artikulieren, dann ist schottischer Whisky vor allem eines – ein Genussmittel. Von Bladnoch in den Lowlands bis hoch hinauf ins nördliche Pulteney ist man stolz auf das flüssige Gold in Flaschen. Unzählige Geschichten und Anekdoten ranken sich um das alkoholische Lebenselixier, von denen ich jedoch nicht eine einzige erzählen kann. Denn nicht genug damit, dass alles, was ich während meiner geistig und nicht minder körperlich aufwändigen Recherchen herausfand, lediglich in Englisch vorlag. Schlimmer noch, die besten Geschichten, Gedichte, Schnurren und Anekdoten sind obendrein im schottischen Nationalkauderwelsch, dem Lowland- oder Highland-Dialect abgefasst. Das heißt, selbst ich, als von eigenen Gnaden ernannter polyglotter Globetrotter bin an dieser schier unlösbaren Aufgabe gescheitert. Schon der reine Leseversuch endete in einem Grimassen schneidenden, lispelnden Fratzenkatarrh, bei dem sich die noch vom Frühstück vor mir auf dem Tisch harrende Scheibe „Wasa köstlich" mit einer Speichelflut biblischen Ausmaßes konfrontiert sah, durch die sie innerhalb kürzester Zeit in den Zustand des allseits bekannten holländischen Weißbrots mutierte.

Aber trotz dieser schottisch-deutschen Sprachbarriere habe ich über den dortigen Whisky einiges in Erfahrung bringen können. Da wäre zum Beispiel der Regen, dem man in Schottland mindestens genauso häufig begegnet wie dem Whisky. Die Schotten behaupten sogar hartnäckig den Kilt nur deshalb erfunden zu haben, damit sie keine nassen Hosenbeine mehr bekommen.

Aber wie trinkt man nun den goldenen Schnaps – zumindest aus schottischer Sicht – richtig? Schließlich ist das für jeden semiprofessionellen Juhnke-Jünger das Wichtigste ... und außerdem liest man ein Buch ja auch, um etwas zu lernen – selbst auf die Gefahr hin, dass man sich bei zu intensiver Beschäftigung morgen vielleicht nicht mehr daran erinnern kann.

Generell gilt, man sollte sich unterstehen im Beisein eines gestandenen Schotten Cola oder Mineralwasser ins Whiskyglas zu gießen! Diese widerwärtige, aus den USA importierte Angewohnheit den Whisky mit allem und jedem zu mixen, empfinden Kenner (sprich Schotten) als Zumutung. Whisky trinkt man nicht gegen den Durst. Dafür gibt es Wasser. Wovon man allerdings – sagen wiederum die Schotten – Würmer kriegen soll. Dagegen jedoch hilft – ebenfalls nach Auskunft der High- und Lowlander – wiederum Whisky ... es bedarf also eines gewissen Taktgefühls, um in Schottland in Sachen Whisky klarzukommen.

Die Sache mit dem Wasser sah übrigens Frank Sinatra etwas anders. Als er nach einer Show in einem Hotel in Las Vegas einen Whisky bestellte, fragte ihn der Barmann: „Mit Wasser, Sir?" Worauf „The Voice" erbost antwortete: „Meister, ich bin durstig, nicht dreckig."

In Amerika schreibt sich der Whisky übrigens mit »e«, also »Whisky«, wie übrigens in Irland auch. Diese in Schottland übliche Unterschlagung des Buchstaben „e" hat jedoch ausnahmsweise nichts mit dem sprichwörtlichen schottischen Geiz zu tun. Vielmehr liegt es an einer über fünf Jahrhunderte währenden Wortentwicklung, die aus „aqua vitae", dem Wasser des Lebens, über das gälische Synonym „uisge beatha" schließlich den heute in Schottland sogenannten Whisky ohne „e" hat werden lassen. Ausländer verraten sich übrigens gerne dadurch, dass sie in einem Pub „a whisky" bestellen. Der Barmann wird seinem Gast zwar milde lächelnd das Gewünschte über den Tresen reichen, um aber weltgewandter zu erscheinen sollte man sich ruhig merken, dass es unter Schotten kurz „a dram" heißt.

Um diesen Schottland-Exkurs nicht ausarten zu lassen, verzichte ich auf die findigen, teilweise höchst aufwändigen und diffizilen Entstehungsgeschichten der diversen Whisky-Sorten. Halten wir einfach fest, man unterscheidet in Karo-Country zwischen a) dem König der Whiskys, dem Malt (einen aus ausgekeimtem Gerstenmalz bestehenden Tröpfchen, das nur in Schottland und Irland hergestellt wird), b) dem Grain Whisky (bestehend aus ungemälztem Getreide, häufig Mais. Ein Gebräu, dem die Schotten den Namen Whisky am liebsten aberkennen würden). Und schließlich c) den Blended Whisky (einem Gemisch aus „malt" und „grain whiskys", eigentlich die Art Whisky, die man überall bekommt, da gut 90 Prozent aller weltweit erhältlichen Whiskys im allgemeinen „blended", also verschnitten sind. Darunter befinden sich solche auf Flaschen gezogenen Langweiler wie Johnny Walker, Chivas Regal oder auch Ballantines.)

Für den wahren Schotten kommt nur ein echter Malt in Frage. Allein die Namen der mannigfaltigen Gebräue klingen für unsere Ohren eher wie geheimnisvolle Zauberformeln, als nach alter schottischer Whisky-Familientradition. Beim Klang von Cardhu, Tamnavulin, Macallan, Glenlivet, Auchentoshan, Dew of Ben Nevis oder Strathfillan denke ich eher an hochgradige Verwünschungen wettergegerbter, hexenartiger alter Vetteln, die während des Murmelns dieser abstrusen Wortschöpfungen unzählige Nadeln in hässliche Voodoo-Puppen rammen.

Aber Spaß beiseite, es gibt noch wesentlich mehr großartige Whiskys, die das Herz eines echten Scotch-Whisky-Genießers zu Purzelbäumen animieren. Und bedenkt man, dass der Whiskykonsum in ganz Großbritannien bei 110 Millionen Litern liegt und wir hier in Deutschland mit gerade mal 17 Millionen Litern abgeschlagen auf Platz 9 dümpeln, lässt das eigentlich nur zwei wirklich logische Schlüsse zu: 1. Der beste Whisky kommt tatsächlich aus dem Inselreich und 2. wir haben einfach das bessere Bier.

In diesem Sinne – Cheers!!!

Skispringen

Man muss es zugeben, Skispringen ist der neue Quotenstar des deutschen Fernsehens. Wer hätte das gedacht? 41,8 Prozent Marktanteil für die ARD während der Skiflugweltmeisterschaft. Das bedeutet, 4,25 Millionen Menschen an den Apparaten! Für heutige Verhältnisse ein Traumergebnis, wenn man bedenkt, dass vieles, was gesendet wird, nicht einmal die Millionengrenze ankratzt.

Skispringen, war das nicht diese Sportart, die wir am Neujahrstag immer völlig verkatert und ermattet von den Feierlichkeiten der voran gegangenen Nacht versuchten irgendwie aufmerkasam zu verfolgen. Sozusagen als Lückenbüßer bis zum Beginn des Ohnsorg-Theaters. Menschen rutschten von riesigen Schanzen nach unten, ssssst, wusch, aah, und dazu die zeitlosen Kommentare eines Bruno Morawetz: Jaaa, da trääääägt es iiihn ... weeiiiiiit, weiiiiit hinunnnnnter! Und unten dann der Telemark: bopffff, die Landung mit dem Ausfallschritt und nicht, wie meine Mutter einmal vor Jahren vermutete die Währungseinheit für GEZ-Gebühren.

Diese Menschen sprangen quasi ins neue Jahr hinein, einer sprang ab und flog und kam unten auf, und noch einer sprang ab und flog und kam unten auf und der Reporter war begeistert von der Ästhetik des Fluges und der Grazie der Landung. Dieses Neujahrspringen hatte für mich immer etwas Symbolhaftes, etwas Ruhiges und doch irgendwie Spannendes. Genauer gesagt, es verlangte exakt die Art von Aufmerksamkeit, zu der ich an einem Neujahrstag fähig war. Aber nach dieser WM wurden wir plötzlich zu einer Nation von Skispringern. Gleich nach Fußball und Formel 1 war es plotzlich die beliebteste Sportart der Deutschen. Einer namens Schmitt ist übrigens Weltmeister und Weltcupsieger. Weltrekordler war er auch, einen ganzen Tag lang, mit 219 Metern, bis der Norweger Ingebrigtsen kam und einen halben Meter weiter flog. Ja, das muss man heute wissen, wenn man mitreden will.

Übrigens, der Skisprung ist auch in Norwegen erfunden worden. Dort, wo heute der Holmenkollen steht, sprang oder muss man vielleicht schon sagen flog, 1808 ein gewisser Herr Olaf Rye gigantische neuneinhalb Meter weit. Die 219,5 Meter des vorhin erwähnten Norwegers sind also etwa dreiundzwanzigmal soweit. Selbst ich kann leicht ausrechnen, wo der Weltrekord bei einem Anhalten dieser Entwicklung in wiederum 200 Jahren liegen wird: über fünf Kilometer weit werden die Athleten fliegen. Allerdings wird man dafür Schanzen bauen müssen, die weit in den Himmel reichen und vielleicht wird eines Tages statt eines Skifliegers ein Außerirdischer angesegelt kommen, hübsch anzusehen im V-Stil, schwebend wie ein bunter Kinderdrachen. Die Leute werden fragen, ob es ein deutscher, ein japanischer oder ein norwegischer Außerirdischer ist. Und spätestens dann wird die Quote bei einhundert Prozent liegen. Mehr geht leider nicht, auch nicht in 200 Jahren.

Meistens war es nach großen deutschen Sportsiegen so, dass fast die gesamte Nation die aktuelle Disziplin betreiben wollte: Mit Beckers Wimbledon-Sieg starteten wir in den Tennis-Boom, nach Langers Triumph beim US-Masters in Augusta (ich liebe diesen Bundesstaat, er hat so etwas frivoles) wollten plötzlich alle ein Handicap haben. Was übrigens keine niedliche Wollmütze für ein Funktelefon ist, wie oft fälschlich angenommen wird. Erst ganz zu schweigen von der deutschen Basketball-Ikone Dirk Nowitzki oder dem WM-Sieg unserer Handballer. Naja, und Auto à la Schumi fahren wir Deutschen ja sowieso alle.

Die Frage ist jedoch, was passiert, wenn jetzt ein Freund anruft, um zu fragen, ob wir morgen nicht mit ihm Skifliegen gehen wollen. Sich zieren? Sich schlicht weigern oder auf den weiten Weg zur nächsten Schanze verweisen? Nein, jetzt ist immerzu Neujahr. Wir sind eine Nation auf dem Sprung. Und wer morgens nicht schon bereit ist, sich voller Todesmut in tadelloser Schmitthaltung mit dem Kopf voran, die Arme weit nach hinten gestreckt und den Blick starr in den Abgrund gerichtet ins Leben zu stürzen, der hat doch eigentlich schon verloren, oder?

Strandspaziergang

Es war tatsächlich noch warm geworden, nein, eigentlich war es richtig heiß. Das ließ den Entschluss in mir reifen, nach etlichen Jahren wieder einmal die holländische Nordseeküste für ein Wochenende aufzusuchen. Freitag Nachmittag ging es los in Richtung Wasser. Die Fahrt stellte trotz der angebrochenen Sommerferien kein Problem dar, das Hotel war schnell gefunden und selbst an die reservierten Zimmer erinnerte man sich dort. Am nächsten Tag wurde keine Sekunde gezögert, um die Strandregion in Augenschein zu nehmen. Katwijk, Nordwijk, Wassenar und Scheveningen buhlten um unsere Gunst. Wir entschieden uns für Katwijk, der Erinnerungen wegen. Wer war als echtes Kind des Ruhrgebiets hier nicht mit seinen Eltern in den großen Ferien einmal zu Gast. Die mitgereisten Damen okkupierten für sich sofort ein Planquadrat des zwar reichlich vorhandenen, aber doch stark besuchten Strandes, um hier ein Bräunungshappening abzuhalten, das seinesgleichen suchte. Da ich dieser Art der bestrahlten Freizeitbeschäftigung nichts abgewinnen kann, nutzte ich die Zeit, um einen ausgiebigen Strandspaziergang zu unternehmen. Ei, was konnte man da alles sehen und erleben. Menschenmassen wälzten sich Kilometer um Kilometer den Strand entlang. Am Wasser tummelten sich Tausende von Kindern aller Altersstufen. Mit Eimern, Spaten, Sandspielzeugen und jedem nur erdenklichen Gegenstand, der auch nur im entferntesten zum Graben zu gebrauchen war, stocherten und buddelten sie im holländischen Nordseesand. Es konnte einem der Gedanke kommen, dass alle die gleiche Schatzkarte gefunden hätten.

Dazwischen immer wieder die Erzeuger der lieben Kleinen, in den meisten Fällen die Väter, die mal mit ansehnlichem Bierbauch oder auch in Muskelprotz-Manier die Ausgrabungen überwachten und die Claims ihrer Schützlinge lautstark und auch handgreiflich gegenüber fremden Bälgern verteidigten. Ein La-Ola-verdächtiger Lärmpegel unterstrich eindrucksvoll die Goldgräberstimmung.

Ich bahnte mir im ausladenden Zick-Zack-Gang meinen Weg durch die Menge, den endlosen, vor Menschen schwarzen Strand entlang. Es war eine Sternstunde humanen Miteinanders. Im Getümmel stieß ich immer wieder auf kleine Rudel der Gattung „Ich-wandere-gern". Eine Spezies, deren Outfit nach meinem Empfinden sofort unter Strafe gestellt werden müsste. Bei Temperaturen von gut 30° Celsius laufen diese meist zwischen der Mitte der fünfziger und sechziger Lebensjahre angesiedelten Trachtenjogger mit Kniebundhosen, klobigen Wanderschuhen und den nicht wegzudenkenden roten Socken über den kochend heißen Strand. Die Härtefälle ergänzen die Kleiderordnung noch um den klassisch-bajuwarischen Janka und den obligatorischen Gamsbarthut. Lediglich der Wanderstock war bei keinem der Expeditionsteilnehmer als Ausrüstungsgegenstand auszumachen. Wahrscheinlich gilt der Spazierstock am Sandstrand unter Insidern als Stilbruch.

Die Szenerie wechselte ständig, und mir stellten sich immer neue Abstrusitäten in den Weg, denen es auszuweichen galt. Nicht unerwähnt lassen möchte ich einige Damen, deren Geschmacksempfinden scheinbar seit längerer Zeit im Dauerkoma dahindämmerte. Anders kann ich mir nicht erklären, wie diese 100 Kilo-Gazellen die Coolness besitzen, sich in Bikinis zu zwängen, die, um überhaupt zu passen, mehr Stoff verschlingen als eine komplette Karl Lagerfeld-Winterkollektion. Die Frage, die mir bei diesen aus den Fugen geratenen Fleischmassen immer wieder durch den Kopf schoss, war immer dieselbe: Wo kann man so etwas überhaupt kaufen? Müsste es nicht allgemeine Ethikrichtlinien für die Textilindustrie geben, die das Herstellen von Bikinis in diesen Größen untersagt? Oder gibt es eine geheime Absprache, mit der einige abtrünnige Schneiderinnen der Branche europaweit einen florierenden Schwarzhandel betreiben. Überlege ich doch bei jedem Strand- oder Schwimmbadbesuch, ob es bei meinen nicht gerade laufstegmäßigen Umrissen ratsam ist, nur im Schwimmshort die Gegend zu durchstreifen oder ich mich lieber mit Rücksicht auf meine Mitmenschen unter einem T-Shirt verstecke. Die Peinlichkeitsschwelle der Menschen scheint unterschiedlich stark ausgeprägt zu sein.

Den Gedanken verdrängend schlenderte ich weiter und widmete mich erneut dem Strandgeschehen. Ich slalomte noch einige hundert Meter um zahlreiche kuriose und mitunter von der prallen Sonne erschreckend rotgefärbte Menschen, bevor ich mich zur Umkehr entschloss. Außerdem brannte die Sonne bereits seit einer halben Stunde auf meinen Gott sei Dank geschützten Rükken, was zu Schweißsturzbächen und lautstarken Hitzefrei-Rufen meiner Körpereiweiße führte. Um sie nicht zum Warnstreik zu animieren, wendete ich scharf zwischen zwei fast identischen Sandburgen mit großzügig angelegten Wassergräben und trat beschwingt, nun Brust und Gesicht der Sonne darbietend, den Heimweg an. Jede Körperseite sollte schließlich zu ihrem Recht kommen.

Das Tempo forcierend, wollte ich möglichst schnell zum Ausgangspunkt meiner Exkursion zurückkehren, um den vor sich hin bratenden Freunden von meinen Beobachtungen zu berichten. Meine zunehmende Routine als Hochsaison-Strandläufer machte sich dadurch bemerkbar, dass ich jetzt wesentlich aggressiver die Hindernisse anging. Hier und da richtete ich nicht unerhebliche Schäden an schlecht markierten Bauwerken an, was augenblicklich zu lautstarken Unmutsäußerungen der kindlichen Architekten führte und mich mehrmals der Androhung körperlicher Gewalt seitens der an den Baustellen patrouillierenden Erziehungsberechtigten aussetzte.

Als ich schon fast wieder bei den Gefährten angelangt war, wurde ich noch Augen- und Ohrenzeuge eines Beispiels moderner Spracherziehung. Ein etwa siebenjähriger junger Mann saß etwas abseits des Wassers neben dem Strandkorb seiner Eltern und arbeitete intensiv und gedankenversunken mit einem riesigen Spielzeugbagger. Mit der mächtigen Schaufel des Räumgeräts stieß er immer wieder in den Sand, um große Mengen des feinkörnigen Baustoffes auf die andere Seite seiner simulierten Großbaustelle zu befördern. Der Vater, Ende zwanzig, am ganzen Körper mit

Tätowierung übelster Qualität übersät und mit kiloschweren, goldenen Ketten behängt, döste mit einer offenen Flasche Bier in der Hand in der gleißenden Sonne. Sein leicht apathischer Gesichtsausdruck sowie eine Batterie leerer Flaschen neben ihm ließ die Vermutung zu, dass er dieser Beschäftigung schon länger nachging. Zurück zum Baggerführer. Nach mehrfachem Beladen der Schaufel erwischte der junge Mann nun eine Sandportion, die die Stabilität des Kunststofftragarms seines Baggers auf eine harte Probe stellte. Das Kind wollte jedoch von solch banalen Dingen wie Materialermüdung und Überschreitung des zulässigen Gesamtgewichtes nichts wissen und kurbelte munter weiter an der Drehvorrichtung, bis die Schaufel mit einem lauten Krachen völlig zerstört aus der Halterung riss. Dem Bauführer entwich darauf ein spontanes, aber wie ich fand durchaus verständliches Scheiße, was den Vater aus seinem Tran erwachen ließ. Er sprang auf, riss seinen Sohn am Arm zu sich hoch, verpasste ihm eine schallende Ohrfeige und wies ihn mit den Worten zurecht: "Ich hab' Dir schon tausendmal gesagt, 'Scheiße' sagt man nich', Du 'Arsch'." Fassungslos stand ich am schönen Strand von Katwijk und wünschte mir, dass der heiße Sand unter meinen Füßen sich öffnen möge und mich mit Haut und Haaren verschlänge, bevor irgendjemand der Anwesenden bemerkt, dass auch ich aus dem schönen Deutschland komme. Dem Land der Dichter und Denker.
Nach einigen Sekunden der Besinnung und inmitten der nun entbrannten Diskussion zwischen Eltern aus den benachbarten Strandkörben und dem schlagenden Vater, sprach man auch mich an, um meine Meinung zu diesem denkwürdigen Vorfall zu hören. „Horrible, absolutely horrible", gab ich in einwandfreiem Oxfordfranzösisch zu Protokoll und suchte kopfschüttelnd das Weite. Nach diesem einschneidenden Erlebnis marschierte ich zurück zur Truppe, balsamierte mich sorgfältig mit einem dicken, milchig weißen Film aus bester Sonnencreme und komplettierte, noch immer sprachlos, unser deutsches Grillquartett.

Totaler Bahnsinn

Es war ein ganz normaler Montagabend. Ich nutzte die seltene Gelegenheit, meinen beruflichen Schaffensplatz pünktlich zu verlassen, um den nächsten Zug von Düsseldorf ins heimatliche Bochum zu erwischen. Die Straßenbahn, die mich zum Bahnhof bringen sollte, kam tatsächlich pünktlich, was mich bereits so irritierte, dass ich fast meine Monatskarte abgestempelt hätte. Glücklich über die bislang reibungslose Beförderung zum Hauptbahnhof betrat ich demonstrativ auf den Boden blickend die Bahnhofshalle. Diesen ängstlichen, fast schon betretenen Blick muss ich näher erklären. Die Deutsche Bundesbahn hat seit Jahren den Begriff „reibungslosen Schienenverkehr" ersatzlos aus ihrem Vokabular gestrichen. Das bedeutet konkret, dass in den fast fünf Jahren, in denen ich mich dieser täglichen Tortur des Pendlerdaseins aussetze, mindestens die Hälfte aller von mir benutzten Züge verspätet ankommt. Zu einem richtigen Nervenkrimi entwickeln sich diese Verspätungen jedoch im Bahnhof unserer Landeshauptstadt. Während man an kleinen Bahnhöfen erst nach beherzten Sprints, völlig außer Atem und schweißgebadet am Bahnsteig von einem freundlich lächelnden Bahnbediensteten auf die Verspätung hingewiesen wird, hat man in Düsseldorf die Wutschwelle um ein Vielfaches weiter vor die Gleise verlegt. Sie thront drohend im Bahnhofsfoyer in Form einer großen, schwarzen elektromechanisch betriebenen Anzeigetafel, deren klackklack-klackklack beim ständigen Aktualisieren der Abfahrtszeiten an das professionelle Mischen von Spielkarten erinnert. So ist dieser bodennahe Blick nicht nur bei mir, sondern bei Hunderten von Pendler-Leidensgenossen allabendlich zu beobachten. Erst wenn man die Halle vollständig betreten hat, innerlich gefestigt ist und sich zum hundertsten Male vorgenommen hat, bei einer eventuellen Verspätung nicht wieder in ersticktes Jammern und Schluchzen auszubrechen, richtet man schnell und ohne große Umschweife den Blick auf diesen Fetisch der öffentlichen Personenbeförderung.

111

Aber selbst jetzt lief alles perfekt. Mein Zug war in freundlich weißen Lettern als zweiter angeschlagen. Ganz ohne die sonst so obligatorische, in abstoßendem gelb gehaltene Verspätungsankündigung. Das hätte mir zu denken geben sollen. Es lief alles zu glatt. Überglücklich durchmaß ich die 200 Meter lange Halle bis zum Gleis 17/18, zu dem ich im Laufe der Jahre eine fast schon intime Beziehung entwickelt habe. Wie viele gemeinsame Stunden haben wir beide schon verbracht. Wie oft hat es mich über die Unzulänglichkeiten der Deutschen Bundesbahn hinweggetröstet, indem es mich liebevoll ablenkte mit seinen über zweitausend akkurat verlegten und von mir mehrfach persönlich gezählten Bodenplatten. Oder mich mit der Formendeutung von verkrusteter Taubenscheiße auf den 36 in abstoßendem Orange gehaltenen Plastiksitzen auf andere Gedanken brachte. Ganz zu schweigen von den kalten Wintertagen, an denen die klirrende Kälte glänzende Eiszapfen wie Ohrringe an die Oberleitungen hängte und stundenlang keine Züge einfuhren, da irgendwo vor den Toren Düsseldorfs auch die Weichen eingefroren waren. Ich konnte noch so schlechter Stimmung sein, mein Gleis war immer für mich da. Es war ja ebenso machtlos wie ich. Wir sind in all den Jahren Verbündete im Zorn geworden.

Um so erfreuter war ich, dass auch die letzte noch verbleibende Falle auf dem Weg zu einem pünktlichen Feierabend versagte. Die Möglichkeit nämlich, dass eine Verspätungsmeldung für meinen Zug in der Bahnleitstelle eingeht, während ich meinen zweiminütigen Weg von der Eingangshalle bis zum Abfahrtgleis zurücklege. Dort erwartet einen dann bereits hämisch grinsend auf dem Zuganzeiger die Verspätung, diesmal in herrlichem Rot auf weißem Grund, wenn man frohen Mutes die Treppen zum Bahnsteig erklimmt.

Bis hierhin hatte ich es tatsächlich ohne Pannen geschafft. Ich konnte mein Glück kaum fassen. Noch zwei Minuten, dann würde mein Zug pünktlich einfahren. Mit mir warteten wie immer mehrere hundert Gleichgesinnte, an deren fassungslosen Mienen ich das Erstaunen über diesen außergewöhnlichen Zwischenfall ebenfalls ablesen konnte. Ich war sogar der Meinung, einige dabei zu beobachten, wie sie kurze Eintragungen in mitgeführte Kalender und Blöcke vornahmen, um diesen seltenen Glücksmoment für die Nachwelt zu dokumentieren.

Jetzt galt es nur noch die letzte Hürde zu nehmen. Als alter Bundesbahnfuchs war es mir natürlich ein leichtes, den genauen Haltepunkt einer Tür des bald einfahrenden Zuges auszurechnen, da man im Laufe der Zeit seine Markierungspunkte hatte, mit denen sich derartige Berechnungen anstellen lassen. In diesen Türbereichen traf man stets dieselben Mitfahrer, denen man ein kurzes Nicken des Erkennens zuwarf. Halten sie diese strategischen Vorbereitungen bitte nicht voreilig für übertrieben. Sie sind lebensnotwendig, da auch ihnen ein Bundesbahnprinzip zugrunde liegt, dessen genaue Kenntnis maßgeblich über die Rückkehr in die eigenen vier Wände entscheidet. Denn in der Rush-Hour geizt die Bahn mit Waggons an ihren Pendlerzügen. Während man zu den unmöglichsten Zeiten Lokomotiven mit einer Unzahl von Anhängseln begegnet, die fast länger sind als die meisten Haltebahnhöfe, ist zu Stoßzeiten eine derartige Knappheit anzutreffen, dass die Beladung der Züge beim Verlassen des Düsseldorfer Hauptbahnhofs oft indische Ausmaße annimmt. Lediglich das Fehlen von Hühnern und Ziegen, die ihre Hälse mangels Platz aus dem Fenster recken und die strikten Vorschriften der Bahn, was das Mitfahren auf Dächern und Trittbrettern anbelangt, verhindern in diesen Fällen Schlimmeres.

Ich bildete mit einigen versierten Regionalschnellbahn-Kampfgenossen eine an unzähligen Werktagen erprobte Schlachtreihe, und wir harrten mit zum Krieg bereiten angespannten Visagen des einlaufenden Zuges. Unsere Erfahrung im Berechnen von Türenhaltepunkten zahlte sich aus. Direkt vor uns kam eine der großen Klapptüren zum Stehen, hinter der sich, und das ist bei der strategischen Planung des eigenen Standpunktes nicht unerheblich, auch tatsächlich ein 2. Klasse Großraumwagen befand. Wie oft hatte ich zu Beginn meiner Pendlerkarriere nach vielen vergeblichen und nervenaufreibenden Versuchen endlich vor einer dieser das Paradies verheißenden Türen gestanden und dann nach dem Einsteigen resigniert feststellen müssen, dass es sich um einen 1. Klasse-Wagen handelte, für den mein Minimal-Ticket nicht ausreichte. Wutschnaubend durchmaß ich dann den engen Flur des Waggons, mit ausgestreckten, rudernden Fäusten ganze Heerscharen der mir verhassten reichen, ölig frisierten Schlips und Anzug tragenden First Class-Fahrgäste niederstreckend, um mein Nirwana, meinen Ort der Glückseligkeit, kurz: einen Sitzplatz in der 2. Klasse zu ergattern.

Natürlich war bis zu meinem Eintreffen die Schlacht bereits geschlagen. Schwitzend aber glücklich saßen die Sieger auf ihren erbeuteten Bänken und die Verlierer, mich eingeschlossen, kauerten deprimiert und der Ohnmacht nahe in den Mittelgängen und hielten sich verbissen an den wenigen Haltestangen fest, um für die nächsten 40 Minuten zumindest das Gefühl einer kleinen Eroberung auszukosten.

Natürlich waren das Anfängerfehler, über die ich jetzt milde lächeln kann. Heute passte einfach alles, es schien wieder einer meiner ganz großen Tage zu werden. Ich spürte, wie in mir ein Gefühl des Triumphes aufstieg, ein Anflug von Unbesiegbarkeit machte sich breit. Wir ließen das obligatorische Spalier für die aussteigenden Fahrgäste. Gerade breit genug, damit die Ankommenden sich im Gänsemarsch an uns vorbeidrücken konnten. Danach enterten wir erfolgreich die Bahn. Die Platzsuche war dank der Pole-Position reine Formsache. Erleichtert und innerlich jubilierend ließ ich mich nieder. Der Zug war binnen Sekunden zum Bersten gefüllt, und wir lauschten ungeduldig dem Schließen der Türen und dem Abfahrtssignal des Aufsichtsbeamten.

Aber nichts geschah. Unruhe machte sich breit. Minuten verstrichen, die unflätigsten Verwünschungen wurden ausgesprochen. Kleinere Rempeleien unter den eng zusammengepferchten Massen lösten Schimpfkanonaden aus. Ein Grund für die Verzögerung war so leicht nicht auszumachen. Durch die geöffnete Wagentür konnte ich schließlich den Anlass für die Verspätung erkennen. Eine Gruppe von sechs Personen, vermutlich Pendel-Greenhorns, hatten Anfängerglück, bestiegen mit als erste den Zug und setzten sich in das nächstbeste Abteil. Im Taumel ihres Sieges bemerkten sie jedoch nicht, dass es sich dabei um das Dienstabteil handelte. Die sind normalerweise verschlossen, da die mitfahrenden Schaffner hier ihre Taschen, Fahrplanordner, Butterbrotdosen u. ä. aufbewahren. Die drei Schaffner, die den Zug in Düsseldorf übernehmen sollten, warteten leichtsinnigerweise zu lange mit dem Einsteigen und hatten nun weder die Chance ihn zu betreten, geschweige denn ihr privilegiertes Abteil in Anspruch zu nehmen. Sie waren scheinbar im harten Business des „Rush-Hour-Tourismus" äußerst unerfahren. Jetzt standen sie draußen vor ihrem Zug und brüllten Beleidigungen durch das geöffnete Fenster des Dienstabteils, indem sich das Sextett bereits häuslich niedergelassen hatte und keinerlei Anstalten machte, diesen harterkämpften Platz an die drei Uniformträger abzutreten. Natürlich wollten sie auch lautstärkemäßig nicht hinter den Zugbegleitern zurückstehen und skandierten im Fankurven-Dezibelbereich Beschimpfungen und Beleidigungen, deren Inhalte allesamt dem Tierreich entlehnt waren. Alles elegant verbunden mit gängigen Fäkalausdrücken und durch die klassischen Füllwörter „eehh", „ne" und „äh" zu fast vollständigen Sätzen verkettet. Die Situation eskalierte. Mitreisende beteiligten sich hitzig an der Debatte. Man stieß massive Drohungen aus, die ersten Rufe nach der Bahnpolizei wurden laut, verängstigte ältere Mitfahrer traten freiwillig ihre Plätze ab, die sie mit der alten „Ich muss sitzen, ich bin schwerbeschädigt"-Nummer ergaunert hatten. Der Zug brodelte. Das Geschubse und Geschiebe wurde unerträglich. Jeder begann etwas zu rufen oder zu schreien, ob es zum Problem passte war unerheblich. Man ließ den Aggressionen freien Lauf. Der Zug aber blieb stehen. Die ausgesperrte Bundesbahnfraktion kannte kein Mitleid und blieb stur. Sie spielte ihre gesamte Machtfülle aus und verkündete laut und mit bereits sichtlich errötetem Gesicht, dass sie mit der Angelegenheit kein Problem hätte. Sie hätten Zeit. Ein ganz cleverer Schachzug. Man erkannte, dass man auf verlorenem Posten stand und versuchte nun die anderen Passagiere gegen die Störenfriede aufzuwiegeln, indem man die gefürchtetste Waffe der Bundesbahn in Stellung brachte: Man drohte mit Verspätung. Die anfängliche Sympathie mit dem Abteil der Witzbolde schlug jetzt in blanken Hass um. Binnen Sekunden wurden Teams zusammengestellt, die, mit Aktentaschen und eleganten Lederköfferchen bewaffnet, sich auf den Weg zum Querulantendistrikt machten, um die Angelegenheit zu bereinigen.

Bis zu diesem Zeitpunkt war bereits eine gute Viertelstunde vergangen und der auf dem Gleis gegenüber natürlich mit Verspätung angekündigte Intercity fuhr ein. Gleichzeitig erschien die Bahnpolizei, um sich des Falles anzunehmen. Die Beamten ließen sich von den Bundesbahnern die Situation schildern, unterbrochen von umstehenden Reisenden, die gleichzeitig ihre Version des Hergangs darlegten. Die Hektik erreichte ihren Höhepunkt. Aus den anfänglichen Schreiereien in den Wagen entstanden die ersten handfesten Auseinandersetzungen. Fäuste flogen, es wurde getreten und die Unbeherrschten begannen zu spucken. Inmitten dieses Chaos nahmen die ersten Passagiere wahr, dass der verspätete IC am Nachbargleis eingefahren war und wegen der ziemlichen Verspätung garantiert nach kurzem Halt weiterfahren würde. Die Neuigkeit sprach sich wie ein Lauffeuer herum. Jeder versuchte als erster den Zug zu verlassen. Diesmal waren wir Sitzplatzinhaber klar benachteiligt. Schon beim Versuch uns zu erheben wurden wir von den in den Gängen stehenden Mitfahrern rüde gerempelt und fielen sofort wieder auf unsere Plätze zurück. Jedoch nicht ohne im Fallen noch einigen Reisenden durch balancesuchende Hände eine Ohrfeige zu verpassen. Das war der Stimmung keinesfalls zuträglich. Ich befand mich noch auf dem Gang, als ich das Abfahrtsignal des anderen Zuges vernahm. Unser stand mittlerweile seit fünfundzwanzig Minuten auf Grund des fehlbelegten Abteils regungslos am Gleis. Die Bahnpolizisten hatten wegen der herausstürzenden Menschenmassen ihr Vorhaben, dem Sextett die Autorität der Polizei vor Augen zu führen, fallengelassen und sich in einer nahen Telefonzelle des Bahnsteigs verschanzt. Endlich war auch ich im Freien und bekam noch das Signal zum Türenschließen mit, das für den InterCity bestimmt war. Nur von dem Gedanken getrieben endlich nach Hause zu kommen, versuchte ich den abfahrbereiten Zug zu erreichen. Nach einem schnell gewonnen Duell mit einem Vertreter der Düsseldorfer Bänkerspezies, den ich durch einen wohl platzierten Nierenhaken vom Einnehmen des letzten freien Stehplatzes an der einzigen noch offenen Tür des Zuges abhalten konnte, sprang ich kurz vor dem Schließen noch hinein. Durch das Fenster sah ich am Bahnsteig zurückgebliebene traurige Männer und Frauen, die ihren heutigen Kampf verloren hatten und nur noch proforma den Bahnhofsaufseher bedrängten, er solle gefälligst die Türen noch einmal öffnen lassen. Erleichtert lehnte ich mich an die Wand. – Der Zug bewegte sich jedoch keinen Zentimeter, nichts geschah. Über die Bahnhofslautsprecher hörte ich schreckensbleich die Durchsage, dass die Regionalschnellbahn, die wir alle fluchtartig verlassen hatten, zur Abfahrt bereit wäre. Die gerade noch verdatterten Gesichter der draußen gebliebenen erhellten sich schlagartig und sie bestiegen frohen Mutes und aufgrund ihrer geringen Zahl langsam und gesittet die Waggons. Die Türen schlossen sich, der Pfiff zur Abfahrt ertönte und mein Ex-Zug entschwand gemächlich mit laut lachenden und zu uns herüberwinkenden Menschen.

Ich konnte es nicht fassen. Glücklicherweise öffneten sich jetzt die elektrischen Schiebetüren des IC, um den wieder aufflammenden Krawall zu entschärfen. Völlig erledigt und mit einer nicht zu beschreibenden Scheiß egal-Stimmung torkelte ich taumelnd auf den Bahnsteig hinaus. Alles war umsonst, eine weitere vernichtende Niederlage im täglichen Pendler-Überlebenskampf.

Von den Nachdrängenden wurde ich mehrmals unsanft hin und her gestoßen, jedoch spürte ich all das nicht mehr. Ich blickte resigniert den immer noch haltenden Zug entlang. Zwei Wagen weiter erkannte ich die beiden Bahnpolizisten aus der Telefonzelle, die gerade von drei wütenden Schaffnern bedrängt wurden. Sie deuteten wild gestikulierend auf ein Abteilfenster des InterCity und sprachen die schlimmsten Verwünschungen aus. Wie in Trance näherte ich mich dem Ort des Geschehens. Auf Höhe des Menschenauflaufs warf ich einen Blick in das Abteil des Interesses. Ich traute meinen Augen nicht. In den bequemen Sesseln des Intercity-Dienstabteils lümmelte sich ein mir wohlbekanntes Sextett, dass sich mit gebrüllten Beleidigungen hartnäckig weigerte seine Beute freizugeben.

Ob dieser Zug jemals den Düsseldorfer Hauptbahnhof verlassen hat, entzieht sich meiner Kenntnis, da ich tief deprimiert den Bahnsteig verließ, um mir in einer nahe gelegenen Schänke den Frust von der Seele zu spülen. Mein späterer Heimweg kann bis heute nicht genau rekonstruiert werden und bleibt ein nicht versiegendes Füllhorn für Legenden.

Urlaub, oder was manche dafür halten

Seit Jahrzehnten haben die Menschen den Drang zu verreisen. Mindestens einmal, meistens jedoch zwei- oder dreimal im Jahr. Das ist gewiss nichts Schlechtes, aber was in vielen Fällen daraus wird, gibt dem neutralen Beobachter doch des Öfteren Anlass zur Besorgnis.

Wir entschieden uns vor einigen Jahren kurzfristig für zwei Wochen Türkei, die wir günstig Last-Minute-mäßig erstanden. Wohlbehalten landeten wir in Antalya, bestiegen nach schneller Vermittlung am Flughafen die Parodie eines Autos, das dort unter der Bezeichnung „Taksi" unterwegs war. Ein freundlicher Fahrer bugsierte uns in atemberaubender Geschwindigkeit über eine schier endlos scheinende Landstraße zum 75 Kilometer entfernten Küstenort Side im Südosten des Landes. Dort sofort in eine kleine Unterkunft direkt am Meer, die tatsächlich unseren vorgetragenen Wünschen entsprach. Ein nettes kleines Doppelzimmer war noch zu haben. Die Koffer wurden schnell auf die Betten gewuchtet, um nur keine Zeit für die Inspektion der Umgebung zu vergeuden. Die Gegend wurde begutachtet, der Strand besichtigt, das für Ende September noch sehr heiße und schöne Wetter ausgiebig gelobt. Als wir gegen Abend von unserem Streifzug zurückkamen und uns nach einer erfrischenden Dusche im Frühstücks- und Aufenthaltsraum einfanden, begann gerade ein unerwartetes Begrüßungszeremoniell, dem wir staunend beiwohnen durften.

Da die Pensionswirtin aus dem Allgäu stammte, defilierte an uns eine illustre Schar Gäste aus dem Bayerischen vorbei, durchsetzt mit einigen Nordlichtern und sogar einem weiteren Pärchen aus dem fernen Ruhrgebiet. Die Unterkunft war zu unserem Entsetzen fest in deutscher Hand. Nach anfänglichen Dialektschwierigkeiten hörte man sich langsam in die verschiedenen Mundarten hinein und war bereits nach wenigen Augenblicken in der Lage, über die vorgetragenen Anekdoten und Tagesgeschehnisse mitzuprusten. Man erfuhr aus unserer Sicht Erstaunliches. Der absolute

Besuchsspitzenreiter der „Deutsch-Pansyon", so der interne Name unseres Domizils, war ein mit der Wirtin verwandtes älteres Ehepaar, das mindestens zweimal pro Jahr vorbeischaute und es inzwischen auf stolze 15 Urlaube hintereinander gebracht hatte. Dicht gefolgt von zwei Hamburgern, die bereits achtmal die Pension als Reiseziel angaben. So reihte sich jeder in diese Phalanx der Wiederholungstäter ein, bis letztendlich kleinlaut und sichtlich traurig das zweite Kohlenpott-Pärchen gestehen musste, dass es bei ihnen lediglich das zweite Mal sei.

Ich begreife durchaus, dass es einem ein Urlaubsland angetan haben kann. Dass es Leute gibt, die seit mehr als zehn Jahren nach Frankreich, England oder in die USA reisen. Immer wieder neue Landstriche und Gegenden entdecken und erkunden. Begeistert sind von der Gastfreundschaft, der Küche und der dort anzutreffenden Fauna und Flora. Die nicht müde werden, auch wieder den nächsten Jahresurlaub komplett aufzusparen, um ihn in ihrem heißgeliebten Ferienland zu verbringen. Dagegen ist nichts einzuwenden. Aber wie man ständig und ohne Unterbrechung in immer wieder dieselbe Pension, an den immer selben Ort fahren kann, das wird mir auf ewig verschlossen bleiben.

Nach dem ungewöhnlichen Bekennerabend erwachte der Phillip Marlow in mir. Jetzt wollte ich wenigstens ansatzweise verstehen, was diese Damen und Herren immer wieder hierhin trieb. Da war zum Beispiel der Hausherr Aydohan. Gebürtiger Türke, verheiratet mit der bereits erwähnten Bajuwarin und offizieller Besitzer des Feriendomizils. Ein ganzer Kerl (dank Chappi), wie man ihn eigentlich nur aus mittelmäßigen Romanen oder Filmen zu kennen glaubt. Er versäumte es bei keinem neuen Gast sofort anklingen zu lassen, dass er ein begeisterter Jäger und Angler sei, wovon die eilig herbeigeholten Gewehre und diversen Angelruten zeugten. Unübersehbar auch das große, gerahmte Foto über der Theke, auf dem er in lässiger John-Wayne-Manier mit über den verschränkten Armen liegendem Gewehr abgebildet war. Der einzige Stilbruch zu amerikanischen Vorbildern lag darin, dass das Bild unseren Cowboy in einer Badehose zeigte, was ihm aber bei den hier herrschenden Temperaturen nachgesehen werden sollte. Dieser Mann ließ keinen Zweifel daran, dass die Frau in der türkischen Gesellschaft, besonders in der Öffentlichkeit, eine eher bescheidene Rolle spielt. Und gerade deutschen Frauen, inklusiv der meinigen, sollte man beim Anblick solcher Zustände die Ungehaltenheit verzeihen. Denn während unseres 14tägigen Aufenthaltes haben wir Aydohan nicht einmal auch nur ansatzweise bei einer Tätigkeit erwischen können, die auch nur im entferntesten mit dem Begriff Arbeit zu beschreiben wäre. Tagsüber versteckte er sich stets im Haus, abgesehen von ein bis zwei kurzen Gastspielen, bei denen er nach dem Rechten sah und – nachdem er sich etwas zu essen und zu trinken hat geben lassen – sofort wieder verschwand.

Abends aber kam seine große Stunde. Mit den im Aufenthaltsraum immer zahlreich vertretenen Hausgästen, vernichtete er regelmäßig Unmengen des türkischen Nationalgetränks Raki. Ich kann nicht umhin diese Ereignisse auch heute noch fantastisch zu nennen, denn es war beeindruckend, wie fast jeder der männlichen Urlauber bemüht war, nach Kräften um die Freundschaft des Hausherrn zu buhlen. Mir schien, dass der deutsche Mann diese unterwürfige, orientalische Familien- und Geschlechterhierarchie in seinen Breiten mehr als vermisst.

Höhepunkt war alle zwei bis drei Wochen die vom Meister persönlich organisierte „Kascz-Tour". Eine kombinierte Bus- und Schiffsreise über zwei Tage, die unter Insidern als absolutes Muss galt. Da ich mir anhand der bis dahin gehörten Erzählungen und der zufälligen Begegnung mit den Überlebenden des letzten Ausflugs, die einen Tag nach unserer Ankunft wieder in der Pension eintrafen und ihre Zimmer danach mehrere Tage nicht verließen, lebhaft vorstellen konnte, wie diese Alkoholexpedition abläuft, verzichteten wir großzügig zugunsten anderer Gäste. Zwei Tage später, bei der Rückkehr oder treffender gesagt Überführung der Ausflüglergruppe, beglückwünschten wir uns nachträglich noch einmal gegenseitig zu unserem Entschluss, dieses Animationsangebot ausgelassen zu haben.

Trotz aller Merkwürdigkeiten war es ein erholsamer und entspannter Urlaub, bei dem wir auf zahlreichen selbst unternommenen Touren viel von der Umgebung sahen und dank eines scheinbar angeborenen Talents selbst die hartnäckigsten Gold-, T-Shirt- und Lederwarenverkäufer in verbaler und gestikulierender Form erfolgreich in die Flucht schlagen konnten. Ob die „Deutsch-Pansyon" auch heute noch jedes Jahr von denselben Gästen heimgesucht wird, entzieht sich meiner Kenntnis. Glauben kann ich es nicht, aber drauf wetten, würde ich auf keinen Fall.

Weihnachtszeit – Familienzeit

„Jetzt zieh' endlich Deine Schuhe an, damit wir hier los kommen. Wenn Du so weiter trödelst, bringt Dir das Christkind heute Abend garantiert keine Geschenke." Nach diesem Satz verfiel meine Mutter regelmäßig in eine mit Bedacht gewählte schöpferische Pause, damit a) mein Vater Zeit genug hatte, aus dem hinteren Teil der Wohnung zu uns zu stoßen und ich b) ausreichend Gelegenheit, die Konsequenzen meiner Trödelei zu begreifen. Erst wenn sie meinen Vater ins Zimmer treten sah und ich damit begann den typischen kindlichen Weinkrampf vorzubereiten, fügte sie seufzend einen dieser klassischen Sätze an, der mich bis heute verfolgt – auch wenn er seit langem nur noch von meiner Frau verwendet wird: „Dieser Junge macht mich noch wahnsinnig!" Mit dieser immer gleichen Szene startete jahrelang das ritualisierte Heiligabendfamilientreffen bei meinen Großeltern.

Wann genau meine Eltern damit begannen, meinen Bruder und mich zu diesen Weihnachtsfeiern zu schleifen, entzieht sich meiner Kenntnis. Wahrscheinlich wurde ich schon im zarten Säuglingsalter zusammen mit meinen damals ebenfalls wehrlosen Cousins und Cousinen zu diesen tannenbaumdominierten Generationshappenings gekarrt, an die ich mich aber, der frühkindlichen Vergesslichkeit sei dank, nicht mehr erinnern kann. Fest steht jedoch, dass ich diesen Treffen bis zu meinem 12. Lebensjahr beiwohnen durfte.

Dabei hatte ich grundsätzlich gar nichts gegen diese Zusammenkünfte. Hätte man sich lediglich kurz getroffen, gegenseitig ein frohes Fest gewünscht, uns Kinder umgehend mit Geschenken überhäuft und sich danach flugs wieder auf den Heimweg begeben, ich wäre einer der glühendsten Befürworter dieser Treffen gewesen. Aber nein, diese Heilig Abende begannen bereits um 15 Uhr, quasi Heilig Nachmittag, obwohl ich mir damals schon sicher war, dass es den in der klassischen Weihnachtsgeschichte gar nicht gab.

123

Omas und Opas 60 Quadratmeter Deutschland beherbergten an solchen Tagen bis zu 23 Menschen. Erwachsene, Kinder und Theo, den Hund meines immer leicht abwesend erscheinenden Patenonkels. Theo war laut Auskunft seines Besitzers ein reinrassiger Schäferhund, der auf einen sehr berühmten Stammbaum zurückblickte. Ich war mir bei Theo nicht so sicher, da sein sehr langes Fell, die platte Schnauze und die jedes Jahr gleichbleibende Größe von höchstens 30 Zentimetern für mich ausreichende Gründe waren skeptisch zu sein. Aber jedesmal, wenn ich meinem Onkel diese Bedenken vortrug, verzog er nur grimmig das Gesicht und blickte wütend zu meinem Vater hinüber. Der nahm mich dann mit den immer selben Worten zur Seite: „Nichts für ungut, Adolf, sind halt Kinder, die verstehen von solchen Dingen nichts." Zwar ist mein Patenonkel schon seit längerer Zeit tot, aber ich glaube heute, dass sich der Wunsch, unbedingt einen Schäferhund zu besitzen, bei jemandem mit seinem Vornamen vielleicht zwangsläufig einstellt.

Aber zurück zu den Gästen. Die wurden alle in der damals allseits beliebten Wohnküche untergebracht. Den ohnehin für das Zimmer schon viel zu großen Eichentisch zog man zu diesem Zweck aus und vergrößerte ihn geschickt durch einen daneben gestellten Tapeziertisch. Dadurch konnte man sich jetzt zwar gar nicht mehr rühren, aber um mit meiner Oma zu sprechen: „Kiiinderrr, is es nich jemietlich und heimelich, wie ihr alle bei mich und Oppa beisitzen tut." Dabei verabsäumte sie es nie, eines der Enkelkinder zu sich heranzuziehen, mit ihren littfaßsäulendicken Armen zu umschlingen und fest an ihre mächtigen Brüste zu drücken. Jeder Enkel war daher bemüht, soviel Raum wie nur möglich zwischen den massigen Körper und die immensen Arme unserer Omi zu bringen.

Da nun die Größe des mit Tischen zugestellten Raumes in einem sehr ungünstigen Verhältnis zur Masse der Gäste stand, verging kein Weihnachtsfest, an dem nicht irgendjemand beim Hinsetzen oder Aufstehen an einer der vielen überlappend aufgelegten Tischdecken hängenblieb und einen erheblichen Teil der mit viel

124

Liebe eingedeckten Tafel zu Boden riss. Dieses alljährliche Spektakel war mit ein Grund dafür, dass meine Großeltern zu Weihnachten grundsätzlich Porzellan geschenkt bekamen.

Die Stühle, die für die Unterbringung aller Beteiligten nötig waren, wurden von meinem Opa höchstpersönlich im ganzen Haus zusammengeliehen. Als Kind stellte ich mir vor, wie die anderen Bewohner mit ihren Familien auf dem Fußboden um den Baum hockten, um mit schmerzendem Steiß das Fest der Liebe zu verbringen.

Nach der logistischen Glanzleistung, alle Anwesenden in die Wohnküche zu pferchen, folgte der nächste Höhepunkt, das berühmte Weihnachts-Kaffeetrinken. Im Prinzip nichts Besonderes, jedoch muss man wissen, dass sich meine Großeltern bis zu ihrem Ableben hartnäckig weigerten, moderne Küchentechnik in Form einer Kaffeemaschine in ihre Wohnung einziehen zu lassen. Das bedeutete, der Kaffee wurde mit Hilfe einer sehr kleinen Porzellankanne und eines ebenso unterdimensionierten Filters frisch aufgebrüht. Dieses zwar äußerst klassische und sehr schmackhafte Verfahren füllte jedoch maximal vier Tassen auf einen Streich, danach musste erneut gebrüht werden, was wiederum wertvolle Minuten verschlang. Da aber keiner der bereits Kaffeebesitzenden aus lauter weihnachtlichem Anstand mit dem Trinken beginnen wollte, bevor nicht jeder eine volle Tasse vor sich stehen hatte, vergingen etwa zwanzig Minuten, bevor die Tafel mit dem gemeinsamen ersten Schluck eröffnet werden konnte. Bei einigen Kaffeetrinkern kam es dabei zu verzerrten Gesichtern, da die Temperatur ihres Tasseninhalts mittlerweile im Bereich eines gut gekühlten Bieres angelangt war.

Nach Kaffee und Kuchen folgte der gemütliche Teil. Die Frauen räumten ungefragt die Tische ab, wobei auch bereits die Töchter der Anwesenden mit der dienenden Rolle der Frau in der Gesellschaft bekannt gemacht wurden. Sie mussten, ob es ihnen passte oder nicht, mit anfassen, während es sich die Herren der Schöpfung am Tisch bequem machten, den Fernseher einschalteten und bei den immer noch stark eingespannten Ehefrauen die ersten Runden Bier und Schnaps orderten. Die kleinen alkoholischen Animateure lockerten schnell die Zungen der Konsumenten und ruckzuck war man bei den Stammtischlieblingsthemen Fußball und große Politik angekommen.

Unterschiedlichste Meinungen knallten im ständig stärker werdenden Promillenebel aufeinander und es dauerte nie lange, bis man die Hürde der ersten unflätigen Beschimpfung erreichte. Die Streithähne waren eigentlich jedes Jahr dieselben, ebenso die Themen, über die man sich ereiferte. Und wie jedes Jahr griff meine Omma, kurz bevor die Kontrahenten sich gegenseitig an die Kehle gingen, schlichtend ein: „Juungens, ist doch Weeeihnachten, da strrreitet man sich nicht." Und mit einer versöhnlichen Kopfbewegung zu ihrem Mann: „Komm, Heeeinrich, tu mal fürrr die Burrschen die Karrrten rraus!" Das war das Stichwort. Augenblicklich erstarb jede Fehde. Opa tat wie ihm geheißen, Adolf begann akribisch zu mischen und mein Vater kritzelte ungefragt Linien auf einen alten Block und trug fein säuberlich die Namen der Mitspieler ein. Übrigens hat die Verwandtschaft meinen Vater immer für Schriftliches auserkoren. Schließlich war er städtischer Beamter, was ihn in ihren Augen für derlei „intellektelle" Aufgaben prädestinierte.

Während des nun folgenden Kartenspiels wurde die normale weihnachtlich erlaubte Lautstärke zwar das eine oder andere Mal überschritten, aber es blieb bei Äußerungen wie „Mensch Olle, Pik ist doch Trumpf" oder „und den und den und den, so spielt man mit Studenten". Wir Kinder hatten uns in der Zwischenzeit in den Flur verdrückt oder wenn es das Wetter erlaubte, durften wir sogar nach draußen. Jedoch nicht ohne den seit Generationen überlieferten und in Stein zu meißelnden Elternsatz „Passt ja auf Eure guten Sachen auf, ich will nicht am ersten Weihnachtstag schon wieder waschen".

So ging der Nachmittag zwar schleppend, aber ohne größere Zwischenfälle in den Heiligen Abend über. Als letzte Hürde musste noch das Abendessen überstanden werden, dass nicht nur durch die bereits erwähnten unglücklichen Platzverhältnisse er-

schwert wurde, sondern häufig dadurch in eine Katastrophe aus-
artete, dass meine Oma jedes Jahr unbedingt ihre hochgelobten
Weihnachtsgänse auf den Tisch brachte. Wenn es dabei auch
dank der nicht gerade professionell zu nennenden Tranchierkün-
ste meines Opas immer wieder zu mittelschweren Beschädigun-
gen von Leib, Leben und Tapeten kam. Der Versuch zu Weihnachten einen Karpfen zuzubereiten, wurde, wie mir meine
Mutter einmal erzählte, nach nur einem einzigen Versuch aufgegeben. Der Fisch war kurz vor dem Fest frisch und lebendig gekauft worden und fristete ein Einsiedlerdasein in der Badewanne.
Als es am großen Tag an die Zubereitung ging, scheiterte das
Jahrhundertmahl daran, dass sich weder Opa noch Oma trauten
dem munteren Fischlein den Garaus zu machen. Von diesem
Tage an stieg man auf Gans um, die konnte man schließlich
schon tot kaufen. Der damalige Karpfen übrigens lebte noch bis
fast Mitte Februar in der großelterlichen Badewanne, bevor er,
wahrscheinlich aus einer Mischung an Einsamkeit und falscher
Ernährung das Schwimmen sowie die bei Fischen so beliebte
Kiemenatmung einstellte und verschied.
Nach dem Essen wurden wir Kinder ins Bad gesperrt, während
die Erwachsenen angeblich das Fenster öffneten, um das Christ-
kind hereinzulassen, damit es die Geschenke unter den Tannen-
baum legen konnte. Eine eigentlich nette Idee, wären Eltern und
Großeltern, ob aus alkoholbedingten Gründen oder aus reiner
Unvorsichtigkeit nicht so laut polternd durch die Wohnung ge-
trampelt und hätten sich dabei Anweisungen zugerufen. „Hast
Du Jörgis Geschenke aus dem Wagen geholt" oder „Nein, die
Sachen für die Mädchen hat Omma doch im Schrank versteckt".
Aber über diese kleinen Pannen in der Bescherungsvorbereitung
habe ich immer gönnerhaft hinweggesehen, schließlich kamen wir
endlich – es war mittlerweile meist nach 21 Uhr – zum einzigen
Tagesordnungspunkt, der mich damals interessierte. Die hoffent-
lich reichliche Geschenkeverteilung an die lieben Kleinen.
Wie jedes Jahr ertönte ein Glöckchen, mit dem uns das Christ-
kind signalisierte, dass jetzt alles vorbereitet wäre und wir wurden

aus unserer Gruppenhaft entlassen. Ängstlich und vorsichtig traten wir in die Wohnküche. Zwar belächelten wir untereinander die Christkindgeschichte, aber man konnte ja nie wissen. Vielleicht war das Flügelding wirklich noch nicht ganz zum Fenster raus und würde uns im Wegfliegen wegen unserer Ungläubigkeit noch schnell rechts und links ein paar um die Ohren hauen.

Aber nichts, kein Christkind weit und breit. In all den Jahren immer nur die altbekannten Gesichter. Der Weihnachtsbaum, für den in der Wohnküche übrigens ebenfalls auf einem Tischchen in der Ecke immer ein Platz gefunden wurde, erstrahlte im Licht von 20 echten Kerzen. Und diese Kerzen haben es im Laufe unserer mehrjährigen verwandtschaftlichen Weihnachtszeremonie nur gerade zweimal geschafft, ihrem grünen Freund ein züngelndes Feuerkleid zu verpassen, welches aber nach rascher Evakuierung von Kindern, Frauen und Hund in nie gekannter Männerharmonie gelöscht wurde.

Jedes Jahr versuchten wir Kinder sofort auf die Geschenke zu stürzen, wurden aber stets von meiner Omma wohlwollend zurückgedrängt. Schließlich haben nicht nur Staatsbesuche ein Protokoll. Und dort stand unter Punkt zwei, nach dem Einzug der Kinder und dem gemeinsamen Bestaunen des herrlichen Baumes, das Absingen von mindestens drei traditionellen Weihnachtsliedern. Dabei wurden uns Musik und Tempo von Freddy Quinn vorgegeben, dem wir mittels eines heute bereits in den Kultsektor fallenden Mono-Plattenspielers der Marke Telefunken „Mister Hit" andächtig lauschten. Da es mit den Textkenntnissen ab der zweiten Strophe weder bei groß noch klein weit her war, konnten wir recht schnell zu Punkt drei, dem Gedichtaufsagen übergehen und dem nicht wegzudenkenden Blockflötenspiel meiner Cousine und ihres Bruders. Diese musikalischen Darbietungen sind bis heute der Grund dafür, dass ich, sobald Flötenmusik ertönt, den dringenden Wunsch verspüre mich zu übergeben.

Nach diesen herzzerreißenden Darbietungen war es endlich soweit, das lange Warten hatte ein Ende. Der Sturm auf die Geschenke konnte beginnen. Einander drängelnd und aus dem Weg schubsend fielen wir über die bunten Pakete her. Die älteren, die bereits in die Schule gingen, waren klar im Vorteil, da das Finden der richtigen Namensschilder für sie nur ein marginales Problem darstellte. Und während die jüngeren noch schluchzend in Stapeln bunten Weihnachtspapiers saßen, hatten wir unsere Schätze bereits geborgen und versuchten uns an deren Instandsetzung. Unnötig zu erwähnen, dass immer wieder Geschenke darunter waren, die nicht ohne die helfende Kraft von Batterien ans Laufen zu bringen waren und dass man gerade diese wichtigen Energiespender beim großen Verpacken vergessen hatte.

Aber abgesehen von solchen Kleinigkeiten war die Bescherung jedesmal das Größte für uns und allein die Aussicht darauf, ließ uns die endlosen Nachmittage der zahllosen 24. Dezember ertragen. Denn wenn wir Kinder unter dem geschmückten Weihnachtsbaum saßen, verträumt mit unseren Neuerrungenschaften spielten, Väter und Mütter, Oma und Opa Arm in Arm entzückt, rotwangig und strahlend um den Tisch hockten, dann hatte ich das Gefühl, dass an Weihnachten doch alles ein bisschen friedlicher war als sonst im Jahr.

Dieser wunderbare Schwebezustand hielt jedoch nur so lange, bis mich eine wohlvertraute Stimme aus meinen Träumen riss: „Jetzt zieh' endlich Deine Schuhe an, damit wir los kommen. Wenn Du so weiter trödelst, bringt Dir das Christkind im nächsten Jahr garantiert keine Geschenke."

Willy hat's erwischt

Ich erinnere mich noch genau. Es war der 7. Mai 1974, als ich mit der Sensationsmeldung aus der Schule kam. Willy Brandt war zurückgetreten. Er zog die Konsequenz aus der Guillaume-Affäre hieß es in den Meldungen.

Gunter Guillaume, ein Mann, der bei den Brandts ein und aus ging, fast schon zur Familie gehörte. Klein, unscheinbar, leise und unauffällig. Für mich, knapp 13 Jahre alt, ein kleiner Weltuntergang: Willy hatte es erwischt.

Vielleicht denken jetzt einige, jaja, wieder einer dieser erblich Vorbelasteten väterlicherseits. Aber keine Spur. Ich musste nicht vor jeder Wahl aus dem Kinderwagen heraus ein SPD-Fähnlein schwingen, um Vaters Gesinnung in die Welt hinaus zu tragen. Nein, mein Vater war und ist nie in einer Partei gewesen, zu Hause wurde über die große Politik immer wertfrei gesprochen. Und selbst die obligatorischen Familienfeiern zu Hochzeiten, runden Geburtstagen und Beerdigungen endeten nie in der rauch- und alkoholgeschwängerten Atmosphäre von Männergesprächen, denen die verfehlte Politik der Regierung als Zielscheibe für naiv-dümmlichen Spott diente.

Im Gegenteil, ich konnte meinen Vater zu jeder Zeit und zu jedem Thema befragen, ohne mit Parolen oder Phrasen mundtot gemacht zu werden. Er wusste fast immer Bescheid und konnte selbst die für mich in diesem Alter noch recht unverständlichen Zusammenhänge einfach erläutern. Und wenn er selbst nicht genau im Bilde war, so wusste er, wo man etwas – damals noch ohne Internet und Wikipedia – zu diesem Thema finden konnte. Er war dabei stets um Objektivität bemüht, da er niemandem eine Meinung aufzwang. Überzeugen, nicht überreden, Argumente statt emotionaler Schreiereien, dass war sein Motto. Erst in letzter Zeit ist mir aufgefallen, wie selten ich dieses Angebot wahrgenommen habe, um das mich heute noch viele Freunde beneiden, die meinen Vater ähnlich lange kennen.

Aber halt, es ging um den Rücktritt des damaligen Bundeskanzlers. Es war der Mensch Willy Brandt, der mich faszinierte. Seine Art zu reden. Langsam, bedächtig, aber nicht langweilig und tranig. Er achtete auf Betonungen, wägte Worte gegeneinander ab, das Ganze immer druckreif und, dass für mich damals Entscheidende, einfach. Eine Gabe, die mir ebenfalls bei Herbert Wehner und Franz-Josef Strauß gefiel – unabhängig aus welchem politischen Lager sie kamen.

Es war nicht das hochgestochene und nichtssagende Bundestagsdeutsch. So, als spräche man immer nur für einen bestimmten Kreis erlauchter Zuhörer. Willy Brandt sprach zu allen, und das war für mich entscheidend.

Zwei Jahre vor diesem Rücktritt hatte ich überhaupt zum erstenmal registriert, dass er unser Kanzler war und mein Verständnis von Politik ging damals klar gegen Null. Aber plötzlich begann ich von alldem etwas zu verstehen. Ich interessierte mich für Sachverhalte, von deren Existenz ich vorher nicht einmal etwas wusste. Begann Bücher zu lesen, versuchte das Weltgeschehen zu begreifen, indem ich regelmäßig die Tagesschau sah und mich bemühte, selbst schwierige Themen zumindest grob zu begreifen oder sie mir durch Nachlesen oder Nachfragen zu erschließen.

Und jetzt trat dieser Mann, der das alles bei mir ausgelöst hatte, zurück. Ich war schockiert und gleichzeitig stolz. Willy Brandt hatte Guillaume für einen Vertrauten gehalten und dessen Machenschaften nicht erkannt. Der einzige für ihn in Frage kommende Weg war der Rücktritt. So sah ich das damals, und das imponierte mir. Diese Entschlossenheit Fehler einzugestehen und die Konsequenzen zu tragen.

Heute, viele Jahre später, am 9. Oktober 1992 um sieben Uhr morgens, werde ich durch das Radio geweckt. Der Nachrichtensprecher teilt mir in monotonem Singsang mit, dass Altbundeskanzler Willy Brandt tot ist. 78jährig einem Krebsleiden erlegen.

Natürlich, er war nicht mehr der Jüngste und auch gesundheitlich bereits lange angeschlagen. Und dass er seine Energie bis zum Schluss noch auf zahlreiche Ämter verteilte, war für die Gesundheit sicherlich nicht förderlich. Aber irgendwie denkt man bei Menschen seines Schlages nicht daran, dass auch ihre Zeit einmal abgelaufen ist. Viel mehr sieht man das, was sie geleistet haben (wenn auch manchmal – wie in diesem Fall – nur für einen selbst) oder wofür sie standen. Ihre Ideen, Ideale und die Erfolge ihrer Arbeit und weniger die Tatsache, dass hinter allem ein sterblicher Mensch steckt.

Das Fernsehprogramm wird heute sicherlich komplett umgeworfen, und die Zeitungen der nächsten Tage führen uns in seitenlangen Nachrufen noch einmal das ereignisreiche Leben Willy Brandts vor Augen. Für mich jedoch lebt noch einmal die Erinnerung auf an die Zeit, als Willy Brandt zurücktrat und die gerade neugewonnene Lebenseinstellung eines Jungen aus dem Ruhrgebiet auf den Kopf stellte. Jetzt hatte es Willy wieder erwischt, diesmal jedoch zum letzten Mal.

Wintersport

Allein die Erwähnung dieses Wortes reicht aus, um mich in eine mehr als unfreundliche Stimmung zu versetzen. Winter und Sport, welch' unheilige Allianz aus Jahreszeit und Bewegungsdrang. Was treibt die Menschen immer wieder an, sich bei Temperaturen weit unter dem Gefrierpunkt Körperertüchtigungen hinzugeben?

Was bringt ein intelligentes und halbwegs begabtes Individuum dazu, sich im knackig kalten Dezember oder frostbeulenbringenden Januar inmitten von schnee- und lawinenbeherbergenden Bergen in Unmengen von Kleidungsstücke zu zwängen. Die Füße in klobige, unförmige und mit viel zu vielen Schnallen versehene Schuhe zu stopfen und sich mit zwei endlos scheinenden Skiern auf Anhöhen zu begeben, die man im schneefreien Leben nie betreten würde? Dieser Wahn mitten im Winter ausgerechnet im Freien Sport zu treiben. Kann man nicht weiterhin Schwimmen gehen, als Tribut an die Jahreszeit vielleicht in Hallenbädern. Squash, Badminton oder Tennis spielen in angenehm temperierten Hallen, an flackernden Kaminfeuern bei einer Partie Schach den Geist trainieren, sich an einem Kreuzworträtsel versuchen oder meinetwegen auch dem Bowling oder Kegeln frönen. Die Möglichkeiten sind doch mannigfaltig, Körper und Geist würden bestens ertüchtigt und die Temperaturen blieben in moderaten Bereichen.

Nein, nein, die Menschen zieht es hinaus in die Berge, zur direkten Konfrontation mit Mutter Natur. Sie sind erst zufrieden, wenn alle blauen, roten und schwarzen Pisten niedergebügelt wurden und ihnen die Eiszapfen von Nase und Augenbrauen hängen. Dann geraten sie in wildeste Ekstase, fabulieren von Freiheit und Geschwindigkeitsrausch, preisen die coole Steilheit und den geilen Vereisungsgrad von Hahnenkamm und Planei. Zwischendurch sitzen sie in sogenannten urigen Skihütten an meterlangen grobgedrechselten Bierzelttischen, schütten in drangvoller Enge sündhaft teures Billigbier und reihenweise

Schnäpse in sich hinein, lassen sich von übelsten Après-Ski-Hits beschallen und prahlen stundenlang mit ihren waghalsigsten Kapriolen.

Warum ich mich darüber so aufregen kann? Wieso ich diese Ski- und Snowboard-Wahnsinnigen nicht einfach ihrem Fanatismus überlasse und mich bequem im Sessel meiner gut beheizten Stube zurücklehne und die Ruhe des Winters genieße? – Weil meine eigene Frau einer dieser abhängigen Schnee-Junkies ist.

Jedes Jahr erlebe ich ihre unbegreifliche Metamorphose aufs Neue. Bereits Ende Oktober hält sie schnüffelnd wie ein alter Bär die Nase in den Wind, zieht mich bei Seite, schaut mich verklärt an und teilt mir im verschwörerischen Ton alter Kaffeehaustanten mit: „Spürst Du's, es riecht nach Schnee." Danach wird ihre Abhängigkeit von Tag zu Tag größer. An arbeitsfreien Tagen, an denen ich sonst Mühe habe, sie vor Mittag aus dem Bett zu zerren, sitzt sie bereits um sieben Uhr morgens kerzengrade vor dem Fernseher und starrt wie hypnotisiert auf Panoramabilder von schneebedeckten Bergen und Tälern des nahen Auslands, die mich – untermalt von schrecklichster Mutantenstadlmusik – bereits beim Anblick frösteln lassen. Und dann kommt auch schon die unausweichliche Frage: „Aber dieses Jahr fährst Du doch mit in den Skiurlaub, oder?"

Meine sofort eiligst aufgezählten Bedenken und Einwände gegen jede Art von Wintersport, die Kälte, die fehlende Ausrüstung, meine eher für Lawinenwettbewerbe geeignete Figur, die Tatsache, daß ich nicht eine der gängigen Winterportarten auch nur ansatzweise beherrsche, alles wird Jahr für Jahr mit einer lässigen Handbewegung beiseite gefegt. Trotzdem schaffe ich es immer wieder, diese gefährliche Beziehungsklippe zu umschiffen und jeder Art von Winterurlaub aus dem Weg zu gehen.

Um so deutlicher klingen mir daher noch heute meine damaligen Worte im Ohr, als ich mich klar und vernehmlich sagen hörte: „Na gut, wenn Du unbedingt willst, probier' ich's halt mal." Was hatte ich getan? Auf der Stelle durchzogen Bilder von eingegipsten und widernatürlich verdrehten Gliedmaßen mein Hirn. Ich sah hunderte schlanke, braungebrannte Männer und Frauen in einwandfrei sitzenden Skianzügen an leichten Anfängerhügeln stehen und vor Lachen bersten. Sie alle zeigten auf einen untersetzten Endvierziger, dessen Ähnlichkeit mit mir derart verblüffend war, das mir der Angstschweiß auf die Stirn trat. In meinen bizarren Tagträumen versuchte ich ein Paar Ski zu bändigen, die unter meinen Füßen jede nur erdenkliche Bewegung ausführten, von denen aber nicht eine auch nur annähernd mit dem Oberbegriff Skifahren in Verbindung zu bringen gewesen wäre.

Während dieser Trance-Phase spürte ich, wie sich zwei zarte Arme um meine Taille schlangen und ein 50 Kilogramm schweres Persönchen versuchte, meinen Aralkörper in einem Anflug hysterischer Begeisterung anzuheben und durchs Zimmer zu wirbeln. Die Einzige konnte meine Antwort ebenso wenig fassen wie ich und von Stund' an bestimmte die Operation „Wintersport mit meinem Mann" ihr Denken und Handeln. Unnötig zu erwähnen, dass es keinerlei Möglichkeit gab, diese unbedachte Äußerung zu revidieren. Nur wenige Tage später pilgerte ich bereits im Schlepptau meiner mich jetzt noch viel mehr liebenden Frau durch einschlägige Geschäfte, in denen eloquente, sonnen- und muskelgestählte Verkäufer-Hünen jedesmal gequält lächelten, wenn ich nach einem Skianzug fragte. Jeder bemühte sich freundlich zu sein und schleppte die verschiedensten Anzugmodelle an, die nicht nur durch abartigste Farbkombinationen bestachen, sondern zudem mindestens zwei Nummern zu klein waren. Ich ließ mich aber nicht entmutigen und zeigte energischen Willen zur Kooperation, indem ich mich in jedes noch so scheußliche Ensemble zwängte, tief einatmete, sämtliche Reißverschlüsse und Knöpfe schloss und jedesmal in der optischen Anmutung des Michelin-Männchens die Umkleidekabine verließ. In allen von uns besuchten Geschäften verstummte augenblicklich jedes Gespräch, sobald ich vor den Vorhang trat.

Jeder mit mir befasste Verkäufer versuchte in einem Akt übermenschlicher Selbstbeherrschung keine Miene zu verziehen, was bei manchen zu unansehnlichen Fratzenbildungen führte. Meine

Frau zeigte jedesmal Erbarmen und negierte die übertrieben wirkenden Beifallsbekundungen des Personals, die jede von mir übergestreifte Kombination als die einzig Richtige priesen. Nach zahllosen deprimierenden Modenschauen wurden wir schließlich in einem Spezialgeschäft für Übergrößen fündig, in dem ich eine recht geräumige Skihose mit dazu passender Jacke fand, die neben einem dezenten Schwarz auch große Anteile der Signalfarbe Orange enthielt. Zwar war ich der Meinung, dass, sollte ich jemals aufrecht einige Meter auf Skiern zurücklegen, mich jeder Pistenhirsch aus der Distanz für eine ganze Skigruppe halten würde. Aber schließlich hatte meine Odyssee ein Ende und ich wollte nicht undankbar sein. Das Thema Ski-Schuhe und Skier war schnell abgehandelt, da sich hier ein Bekannter fand, der mir seine schnallenbewehrten Hartkunststoffklötze sowie das notwendige Unterschnallmaterial samt Stöcken überließ. Meiner ersten Schnee-Expedition stand nichts mehr im Wege und mit einem mulmigen Gefühl im Magen brachen wir zusammen mit Freunden in die Schweizer Bergwelt auf.

Nach kaum 16-stündiger Fahrt, die lediglich durch Schneetreiben, Verkehrschaos und eine quälend langsame Grenzüberschreitung unterbrochen wurde, erreichten wir unser 650 Kilometer entferntes Winterdomizil. Ein nettes geräumiges Chalet, das jedoch ungünstigerweise direkt an einem Hang erbaut wurde und zu dessen Erreichung ein wahrscheinlich Reinhold Messmer gewidmeter 300 Meter steiler Pfad zu bewältigen war. Seiltänzern gleich staksten wir koffer- und taschenbewehrt mitten in der Nacht den Weg hinauf und eroberten hustend, röchelnd und das baldige Ende vor Augen das hölzerne Domizil, das von nun an für volle sieben Tage unser Basislager sein sollte.

Am nächsten Morgen entdeckten wir, dass direkt hinter dem Haus ein weiterer – nicht minder spektakulärer Weg – direkt zur Gondelstation führte, die allmorgendlich Tausende von Rutschbrettartisten in die luftige Bergwelt des Schweizer Alpenmassivs beförderte. Da die Schneeverhältnisse zur Zeit unseres Aufenthaltes alles andere als gut waren, gab es keine Möglichkeit, die mir sehr sympathischen kleinen, im Prospekt als hausnah bezeichneten Anfängerhügel zu attackieren, die in unmittelbarer Gondelnähe seicht und freundlich anstiegen. All mein Flehen half nichts, ich wurde von sämtlichen Mitbewohnern gezwungen, mit der Kabinenbahn auf noch viel kältere 2.700 Meter aufzusteigen. Jeder der Anwesenden versicherte mir glaubhaft, dass es auch dort oben nette kleine Idiotenhügel gäbe. Ein Ausdruck übrigens, den ich gar nicht komisch finde.

An dieser Stelle sollte ich erwähnen, dass außer mir sämtliche Mitglieder unserer Gemeinschaft bereits seit der Kreidezeit auf den Brettern stehen und Angelika, die sportlichste und dynamischste unseres Teams obendrein ein Skilehrer-Diplom besaß und sich wortreich aufdrängte, mich in die Geheimnisse dieses Alpinsportes einzuführen. Von soviel fachlicher Kompetenz und freundschaftlicher Verbundenheit überwältigt, willigte ich gerührt ein. In meiner damaligen Naivität nicht einmal ansatzweise erahnend, wie falsch diese Entscheidung war. Wir enterten gemeinsam eine Gondel. Die professionell anmutende Besteigung wurde dadurch getrübt, dass ich vorneweg und als Einziger versuchte, meine Ski samt dazugehörigen Stöcken mit ins Innere der engen Kabine zu nehmen, während alle anderen ihre Schneeartikel in den dafür vorgesehenen Halterungen an der Außenwand verstauten. Als ich meinen Fehler bemerkte, ließ ich von der Gondel ab und begab mich ebenfalls an die Aufbewahrungsschächte, während die anderen sich der Sitzplätze bemächtigten.

Ob es nun mangelnde Erfahrung oder nur feinmotorische Defizite waren, ich brachte die sperrigen Winter-Accessoires jedenfalls nicht schnell genug unter, sodass sich die Gondel bereits in Bewegung setzte, während ich immer noch hilflos an den Halterungen fingerte. Belfernde Schwyzerdütsch-Schreie und lautstarke Begeisterung der wartenden Athleten begleiteten meinen mit offenen Skischuhen gestarteten Sprint zur noch offenen, rettenden Tür. Schweißgebadet und zutiefst gedemütigt nahm ich Platz.

Nach zehnminütiger Fahrt, auf der ich mental Schritt für Schritt meinen perfekten Ausstieg vorbereitete, erreichten wir den Gipfel und nach wenigen Schritten standen wir aufgereiht wie die Lemminge direkt am Start der einzigen von hier oben aus erreichbaren Abfahrt. Einer wunderschönen, steil abfallenden, leicht vereisten und äußerst schmalen schwarzen Piste, die auf der rechten Seite als Schmankerl für den Profi eine fast senkrechte und nur durch rotes Flatterband gesicherte Steilwand bereithielt. Etwa fünfhundert Meter tief unten, ganz klein am Ende dieser Todesbahn, sah ich kleine Kinder und hochmotivierte Erwachsene lachend und kreischend ihre ersten Schwünge an einem wunderschönen, leicht ansteigenden Anfängerhügel ausführen. Direkt daneben lugte noch der alte Holzverschlag eines äußerst betagten Schleppliftes hervor, der die Eleven von der anderen Seite des Berges direkt in ihr Übungsreservat gebracht hatte.

Betretenes Schweigen bei meinen Begleitern, während man routiniert in die Bindungen stieg. Nicht einer – included my own wife – unterließ es darauf hinzuweisen, dass man das ja nun wirklich nicht ahnen konnte. „Aber keine Angst, Olly, Angelika bringt Dich da runter." – Ich spürte deutlich, wie meine Knie beim Anblick dieses weißen Abgrunds nachgaben, und auch Angelikas Gesichtsausdruck war weit davon entfernt positive Schwingungen auszustrahlen.

Durch die frühe Morgenstunde und die ständig nachrückenden Massen an Skibegeisterten, war an ein Umkehren nicht zu denken. Zudem war die Piste derart steil, dass auch ein vorsichtiger Abstieg zu Fuß und mit geschulterten Skiern bis zum Anfängerparadies als Alternative ausschied. Unter einer Flut von Mitleidsbekundungen und dem mich nervös zurücklassenden Gruß „Hals-und-Beinbruch", stürzte sich jeder wild johlend den Steilhang hinunter. Nur meiner schnellen Reaktion war es zu verdanken, dass ich meine Skilehrerin noch kurz vor ihrem Alarmstart an der Jacke zu fassen kriegte. Sie versuchte mir zwar grinsend zu erläutern, dass sie niemals wirklich ohne mich losgefahren wäre, aber bis heute bin ich vom Gegenteil überzeugt.

Mit einem lässigen „Na, dann wollen wir mal", baute sie sich in schulmeisterlicher Manier neben mir auf und wies mich an, die

Ski unterzuschnallen. Eine Aufforderung, die sich wesentlich einfacher anhörte, als dass sie durchzuführen war. Schließlich steckten meine Füße in unförmigen riesenhaften Schuhen, in denen ich weder in der Lage war koordinierte Bewegungen auszuführen, noch auch nur annähernd spürte, wohin ich meine Füße setzte. Meine Versuche beim Auffinden der Skibindungen müssen für Außenstehende den Eindruck vermittelt haben, als sei ich ein entfernter Verwandter des metallenen Leinwandpolizisten Robocop.

Nachdem ich mehrfach das Gleichgewicht verloren hatte und wie ein Marienkäfer auf dem Rücken liegend im Schnee paddelte, hielt meine Ausbilderin es für angebracht, mir stützend zur Seite zu stehen. Tatsächlich schaffte ich es derart gehalten nach einigen schlingernden Bewegungen, bei denen ich unnötigerweise zwei völlig unschuldigen jungen Damen meine frei schwingenden Skistöcke in den Rücken rammte, in die richtige Position für einen Bindungseinstieg einzuschwenken. Die beiden leiterlangen, jetzt fest mit meinen Füßen verbundenen Planken, ließen mich auf dem glatten Untergrund wie einen Matrosen bei hohem Seegang hin und her schwanken. Vom derart ungebührlichen Verhalten meines Skigeräts überrascht, begann ich erneut wild mit den Armen zu rudern, wobei sich die beiden Damen, die immer noch unweit von mir ihre Wunden leckten, panikartig in den Schnee fallen ließen, um bloß kein zweites Mal von meinen rotierenden Stangen niedergestreckt zu werden.

Ein angespannter Gesichtsausdruck bemächtigte sich jetzt meiner Lehrerin. Sie sprang auf mich zu, kniete sich vor mir in den Schnee und fixierte mit beiden Händen meine Oberschenkel, um mein Schaukeln einzudämmen. Das absurde Bild, das wir beide den immer noch in großer Zahl nachrückenden Abfahrern boten, war mir peinlich. Ein ausgewachsener Mann, zu dessen Füßen eine zierliche junge Frau kniete und ihn zu allem Überfluss noch in Hüfthöhe umschlang. Ein Bild, das zu verschiedensten Interpretationen Anlass gab.

Der Vorteil dieser selbstlosen Aktion war jedoch, dass ich mich beruhigte und nach einigen Augenblicken tatsächlich ganz respektabel auf meinen Skiern stand. Aus lauter Angst wieder die Balance zu verlieren, verkrampfte ich mich zwar derart, das normales Atmen kaum noch möglich war, aber ich stolz und aufrecht auf der Stelle stand. Angelika löste ihren zangenartigen Griff um meine Lenden und erhob sich vorsichtig. Ich versuchte zu lächeln, obwohl sämtliche Muskeln mit Verkrampfen beschäftigt waren. Angelika baute sich in sicherer Entfernung vor mir auf und fuhr unbeirrt mit Lektion zwei ihres Skikurses fort. Sie erläuterte mir in Wort und Bild, wie ich meine Beine, Füße und daran hängenden Ski verbiegen müsse, um in den sogenannten Schneepflug zu gelangen. Eine sehr langsame Fortbewegungsart, bei der man leicht in die Hocke geht, die Knie fest nach innen drückt, sodass die Skier von vorne betrachtet eine V-Stellung einnehmen. Eine einfache Anfängerfahrtechnik, die vorsichtiges Skifahren ermöglicht und bei der man – laut Angelikas Ausführungen – in gefährlichen Situationen schnell wieder zum Stehen kam.

Als gelehriger Schüler setzte ich sämtliche mir dargereichten Informationen sofort in die Praxis um. Ich ging leicht in die Hocke, drückte meine Knie weisungsgemäß nach innen, wobei der Spalt zwischen meinen Füßen deutlich größer wurde und die Skispitzen tatsächlich Anstalten machten aufeinander zuzugehen. Was ich jedoch nicht bedachte war die Tatsache, dass ich durch mein zuvor durchgeführtes Gleichgewichtsballett jetzt direkt am Beginn der Piste stand und nun dank der exzellent umgesetzten Anweisungen in Richtung Abgrund rutschte.

Angelika, von der Imagination ihrer Erläuterungen geblendet, sah begeistert auf ihre eigene, wirklich perfekte Skistellung. Dadurch sah sie erst einen Bruchteil zu spät zu mir herüber, der ich, durch das plötzliche Rutschen meiner Bretter erschrocken und dadurch noch verkrampfter, zielgenau an ihr vorbei und auf den Abhang zusteuerte. Ihr verwunderter Blick signalisierte, dass sie der Meinung war, ich würde ihr erst mal in Ruhe zuhören, bevor ich die Anweisungen umsetze. Zu diesem Zeitpunkt passierte ich sie jedoch schon in angemessener Geschwindigkeit und hörte hinter mir nur noch ein überraschtes Diiiiiiirrrk.

Kaum hatte ich die Kante zur Piste erreicht, blickte ich schon auf das tief vor mir liegende Gewimmel von Skifahrern und Snowboardern, die kreuz und quer die Strecke durchfurchten. Ich nahm stetig mehr Fahrt auf und es wurde immer schwieriger die Bretter in der angesprochenen Schneepflugposition zu halten. Natürlich hatte ich auch wieder mit dem Armrudern begonnen, um mich aufrecht auf den Skiern zu halten. Alles ging jetzt furchtbar schnell. Dank meines Gewichts und der sich stetig weiter öffnenden Skistellung, nahm ich schnell Fahrt auf und raste pittoresk verdreht den Hang hinunter. Leider beinhalteten Angelikas Ausführungen keine Silbe über das Kapitel Bremsen. Immer wilder rudernd und nach meiner persönlichen Einschätzung mit abartiger Geschwindigkeit schoss ich auf das Ende der Abfahrt zu. Dank meines Navigationstalents führte mich die Fahrt unbeirrt auf den kleinen Holzverschlag zu, den ich von oben als Endstation des Anfängerschlepplifts ausgemacht hatte.

Als ich noch etwa zehn Meter von meinem vermeintlichen Detonationspunkt entfernt war, mit dem Leben bereits abgeschlossen hatte und keinerlei Ausweg mehr sah, schloss ich die Augen und ließ mich seitlich fallen. Danach folgte eine Vielzahl von Überschlägen und Drehungen, die mich jeder Orientierung beraubten und in einem lauten Krachen endeten, das stark dem Splittern morschen Holzes ähnelte. Als ich die Augen öffnete, lag ich inmitten von zerstörten Brettern, die noch vor kurzem eine kleine Hütte darstellten. Meine Beine waren zwar etwas verknotet und an einem hingen die Überreste eines Skis, dessen Bindung sich beim Aufprall nicht vorschriftsmäßig gelöst hatte, aber ich war relativ unversehrt geblieben. Beim Anblick der Restplanke fielen mir die Worte meiner Frau ein, die mir beim Abholen der Ski wissend ins Ohr flüsterte, die stell ich Dir ein, das ist ganz leicht.

Als ich mich dank der Unterstützung zahlreicher helfender Hände aus den Trümmern aufgerappelt hatte, stellte ich fest, dass der nicht beskiete Schuh sorgfältig an der Fußsohlenverschweißung aufgerissen war und ich mit dem weichen Innenschuh im Schnee stand, während der Rest des Stiefels lässig neben mir her schleifte. Nach einer kurzen Untersuchung sämtlicher Gelenke und Knochen, die ohne Befund zu sein schien und einem lautstarken Disput mit dem Liftwärter überwältigte mich eine derartige Wut, dass ich ohne auch nur von einem meiner Mitreisenden Notiz zu nehmen die Reste meiner Ausrüstung einsammelte und fluchend zum nahen Sessellift stapfte. Der zerstörte Schuh, der sich immer noch hartnäckig weigerte ganz vom Innenteil zu lassen, folgte mir in geringem Abstand. Den verwirrten Blick des Liftpersonals ignorierend, setzte ich mich in einen der Sessel und schwebte innerlich bebend den Berg hinab. An der Talstation angekommen war ich ein Blickfang für alle Alpinisten. So etwas hatte man selbst hier noch nicht gesehen. Jemanden, der einen halben Skischuh hinter sich her schleifte, an dessen anderem Schuh sich etwa fünfzig Zentimeter Ski samt Bindung befanden, der dazu zwei völlig verbogene Stöcke mit sich führte und einen zweiten Ski auf der Schulter balancierte. Mein Weg führte mich direkt zum nächsten Müllcontainer, dem ich meine Schuhe samt übriggebliebener Ausrüstung überantwortete. Einen kleinen Jungen, der mit seiner Mutter in der Nähe stand, hörte ich ehrfurchtsvoll flüstern: „Schau' mal Mama, ein Stuntman."

Unnötig zu erwähnen, das ich mich von diesem Tage an in der wohligen Wärme unseres Chalets aufhielt und weder von meiner Frau, noch von einem anderen Mitglied unseres Skizirkus zu einem weiteren Versuch aufgefordert wurde. Eine Woche später verließen wir die Schweiz und die mit ihr verbundenen Berge. Seit dieser Zeit zieht meine Frau es wieder vor mit Gleichgesinnten in den Schnee zu fahren und für diese, für mich lebensverlängernde Maßnahme werde ich ihr ewig dankbar sein.

Wintersport (Nachtrag)

Der bereits erwänte Winterurlaub in der Schweiz war für mich in der Tat ein einschneidendes Erlebnis, das mich fast auf die berühmte Couch gebracht hätte. Anstatt jedoch den himmlischen Mächten auf Knien zu danken, dass ich diese *Erholungs*reise lebend überstanden hatte, ließ ich mich keine zwei Jahre später erneut darauf ein, die weiß getünchten Gipfel des europäischen Auslands zu erklimmen, um vielleicht doch noch den „Herminator" in mir zu entdecken. Ein klassisches Beispiel dafür, was die Liebe mit einem Mann anstellen kann.

Wiederum ging es in ein Apartment in der Schweiz, diesmal jedoch im französischen Teil gelegen. Mit drei Autos, die bis zum Bersten gefüllt waren mit Lebensmitteln, die unser Sechsergrüppchen problemlos bis zur nächsten Wintersaison ernährt hätten. Dazu unzählige Paletten Dosenbier und kartonweise Wein, die wir drei Herren in der Hoffnung mitnahmen, dass Wetter könnte uns sieben Tage lang wohlgesonnen sein und ein Verlassen des Hauses unmöglich machen. Denn diesmal war ich nicht der einzig Unkundige in der Kunst des Skifahrens.

Aber weit gefehlt, schon am nächsten Morgen: „Kaiserwetter". Ehe wir uns versahen, hatten die Damen einen privaten Skilehrer gebucht, dem wir bereits zwei Stunden später ausgehändigt werden sollten.

Davor musste jedoch noch die notwendige Ausrüstung geliehen werden, da ich mich weigerte, einem weiteren Freund zu erklären, auf welch groteske Weise ich mich seiner mir überlassenen Wintersportartikel entledigt habe.

In einem winzigen Bretterverschlag, der maximal fünf Menschen Platz bot, tummelten sich mindestens 20, Kinder nicht mitgerechnet. Man weigerte sich hinter dem Verleih-Tresen hartnäckig auch nur ein Wort Deutsch oder Englisch zu verstehen, geschweige denn zu sprechen. Französisch musste es sein. Erinnerungen an meine Schulzeit schwappten hoch, in der ich bereits feststellte, wie unorthodox die Franzosen mit ihren Zahlen umgingen. Bis dreißig oder vierzig zu zählen war mir noch geläufig, aber ich wusste, danach wurden die Gallier komisch. Unscheinbare Zahlen wie 70 (60 + 10), 80 (4 x 20) und nicht zu vergessen 90 (4 x 20 + 10), wurden auf derart skurrile Weise errechnet und benannt, dass man an eine Mathematik-Olympiade und nicht ans Zählen dachte.

Nach überschäumender Heiterkeit beim Bedienungspersonal über meine in französisch vorgetragenen Vermutungen meine Körper- und Schugröße betreffend, entriss ich dem immer noch grinsenden Plankenverleiher den mächtigen Filzstift und kritzelte beide Zahlen dick und fett direkt auf die Kunststoffablage seiner Theke. Die Menge johlte, ich hatte einen Treffer gelandet.

Der Verleihnix verstummte augenblicklich, sein Grinsen gefror und er wischte heftig an meinen schwarz glänzenden, riesigen Ziffern herum. Dann wandte er sich ab und brachte mir die Skischuhe. Sie in dieser Hütte anzuprobieren war jedoch eher eine Aufgabe für Artisten des Chinesischen Staatszirkus' und nichts für einen Bewegungslegastheniker wie mich. Zudem hielt mein Triumph nicht lange an, denn Pistenboy hatte noch ein Ass im Ärmel, um sich an dem untersetzten Touri vor versammelter Wintersportgemeinde zu rächen.

Im hintersten Winkel des Raumes befand sich das Gerät zum Einstellen der Skibindungen. Dort spannte er nach meiner Anprobe einen der Skistiefel ein und brüllte quer durch die Baracke ... plötzlich in einwandfreiem Deutsch ... „Wie schweeer sind Sie?"

Ok, der Punkt ging an ihn. Totenstille trat ein und ich hörte, wie tuschelnd Wetten abgeschlossen wurden. Ich flüsterte mein Gewicht. Natürlich hatte er es <u>nicht</u> verstanden ... sehr witzig. Damals schleppte ich noch erheblich mehr Fleisch mit mir herum und brüllte ihm im zweiten Versuch wutschnaubend entgegen: Einhundertneununddreißig Kilo! Hinter mir erklangen anerkennende Pfiffe und ich sah, wie Geldscheine den Besitzer wechselten. Jetzt wollte ich nur noch raus aus dieser Vorskihölle.

Auf der Piste stellten wir zu unserem Entzücken fest, dass es sich bei unserem Skilehrer um eine attraktive junge Dame handelte. Eine durchaus willkommene Abwechslung. Sie erinnerte mich sofort an

Suzi Quatro, mein Idol aus Teenagertagen. Höchstens anderthalb Meter hoch, wohl proportioniert und ausgestattet mit einer Stimme, als würde sie sich jeden Abend zusammen mit Joe Cocker und Amanda Lear durch das Spirituosen-Regal des hiesigen Supermarktes saufen.

In der Skischule hatte man unseren Damen wortreich versichert, dass für jede Nationalität der richtige Skilehrer vorrätig wäre. Außerdem wären wir ganz besondere Glückspilze, da Christiana, so der Name unserer Suzi-Kopie, gleich mehrsprachig begabt sei.

Das konnte ich bestätigen. Christiana beherrschte tatsächlich englisch, italienisch, französisch und deutsch. Was man uns jedoch verschwieg war die Tatsache, dass sie außer französisch alle anderen Sprachen nur rudimentär beherrschte.

Doch selbst damit wären wir klar gekommen, hätte sich nicht ein weiteres Handicap hinzu gesellt. Christiana war nicht in der Lage, jede Sprache getrennt für sich zu sprechen. Daher überschüttete Sie uns Anfänger bei jeder Erläuterung mit einem Vokabelschwall sämtlicher Zungen, derer sie mächtig war. Ein Verstehen der Grundlagen des alpinen Skifahrens war dadurch gänzlich ausgeschlossen. Sätze wie „Du mussen taken ass a gauche von die ginochio" oder „La neige is your Freund, have no ansia." verstand ich zwar grob, verließ mich aber lieber darauf, ihr bei den Ausführungen aufmerksam zuzusehen, um zumindest optisch zu verstehen, worum es akustisch eigentlich ging.

Trotz der hieraus resultierenden Schwierigkeiten begriffen meine beiden Mitstreiter und ich nach vier Tagen zumindest die notdürftigsten Grundlagen des Plankenrutschens und bis auf eine niedrige zweistellige Zahl unspektakulärer Stürze, die Christiana mit dem immer gleichen Ruf „Dirrrke, what are you fare?" kommentierte, überstand ich auch diesen Ausflug in den Schnee ohne nennenswerte Blessuren. Jedoch darf ich abschließend erwähnen, dass dies mein letzter aktiver Schneeausflug wurde und ich seit dieser Zeit nie wieder auf die Bretter muss, die für meine Frau die Winterwelt bedeuten. Das werde ich ihr noch lang hoch anrechnen.

Zahnschmerzen

8 3 6, 8 3 6 – die Ziffern vollführten einen Stepptanz auf der Retina meiner Augen, der Fred Astaire alle Ehre gemacht hätte. Woher nahm dieser Dentalmetzger die Unverschämtheit für diese Rechnung. 836 Euro für zwei lächerliche *Übergangzähne*!
Mein Puls raste, ich konnte direkt hören, wie die Schweißperlen auf meiner Stirn mit einem lauten Plopp aus den Poren traten. Ich bin weiß Gott ein Gemütsmensch, aber in diesem Moment wäre ein Blutrausch durchaus im Bereich des Möglichen gewesen. Ich überflog die Rechnung wieder und wieder, aber es blieb dabei: 836 Euro. Mir kam die auslösende Sequenz für diese Unverschämtheit ins Gedächtnis: „Herr Oltersdorf, kein Problem, den einen Zahn ziehen wir, den abgebrochenen grabe ich Ihnen aus und dann baue ich Ihnen für ein paar Euro ein schickes Provisorium."
Das versteht also die bundesdeutsche Zahnarztfraktion unter *ein paar Euro*. 836 um genau zu sein. Es mag ja durchaus sein, das der Herr Doktor für dieses Geld alle 1.000 Kilometer einen kleinen Ölwechsel an seinem Zweitporsche durchführen lässt oder am Wochenende mit irgendeiner als Zahnarzthelferin getarnten jungen Fummeltrine die Gourmettempel des Reviers abklappert. Aber für mich sind 836 Euro ein verdammter Arsch voll Kohle und ich will, nein ich verlange, dass man mir so etwas im Vorfeld mitteilt, auch wenn ich in unangenehmer Kopftieflage und mit pochendem Kiefer wie eine Riesenfledermaus windschief in diesem kreuzunbequemen, futuristischen und armlehnenlosen Behandlungsstuhl hänge.
Dieser feine Herr Doktor sollte mich kennen lernen. Dem werde ich dermaßen die Leviten lesen, dass ihm die Hörschnecke aus der Ohrmuschel tritt. Glaubt dieser orale SM-Fetischist eigentlich ich könnte Geld scheißen oder lasse mir beim Kochen die Petersilie vom Fleurop-Dienst bringen. Dieser Affront verlangte nach einer wohldosierten Verbalattacke erster Güte und vorab auf jeden Fall nach etwas Hochprozentigem, um in die richtige Stim-

mung zu kommen. Ein tiefer Schluck direkt aus der Pulle beruhigte fürs Erste mein blank liegendes Nervenkostüm. Gleichzeitig wurden die Rhetorikwerfer scharf gemacht, die Polemikkanonen in Stellung geschoben und die Beleidigungsdatenbanken nach auf dem Index stehenden Beschimpfungen und Beleidigungen durchkämmt. Die Ergebnisse waren vielversprechend. Die Begeisterung über den bevorstehenden telefonischen Vernichtungsschlag ließ mich den Nervenberuhiger ein zweites Mal ansetzen, um mir eine für den frühen Morgen durchaus kritisch zu nennende Ration zu gönnen. Die Geschwindigkeit der Betankung stand leider in einem krassen Missverhältnis zu meinem Schluckvermögen, so dass ich mich röchelnd und nach Luft schnappend auf den Knien wieder fand. Der Schuldige war schnell ausgemacht: „Na warte, Du vermaledeite Ausgeburt eines kitteltragenden Abzockers, jetzt willst Du mich wohl auch noch umbringen, was?" Meine starke Erregung ließ den Alkohol schnell den Weg in die Blutbahn finden und sich dort sichtlich vergnügen. Äußere Symptome waren neben zunehmender Gesichtsröte, ein bedrohlich schlingerndes Aufrappeln sowie stärker werdendes unmotiviertes Lachen.

Ich zentrierte meinen Allerwertesten einigermaßen sicher auf einem Küchenstuhl und vor lauter Erleichterung, keine schwerwiegenden Blessuren davon getragen zu haben, genehmigte ich mir schnell noch einen Schluck. Danach sollte es dem Dr. med. dent. endlich an den Kragen gehen. Ich sprang auf und griff zum Telefon. Exakt in diesem Moment begann meine Umgebung instabil zu werden, so dass ich glaubte, an der Reling einer auf hoher See taumelnden Yacht zu stehen. Halt suchend schnappte ich nach einem in Griffnähe baumelnden Strick, an dessen oberes Ende ich mich erst erinnerte, als bereits mein imposantes Körpergewicht daran hing. Leider konnte das Kabel in keiner Weise die von mir erhofften Erwartungen erfüllen und so ging es, mit beiden Händen das Kabel wie eine Liane umfassend, in tarzanartiger Manier erneut aufs harte Parkett.

Gerade als ich in voller Länge der Schwerkraft folgend zum zweiten Mal unsanft Bekanntschaft mit dem Boden machte, hörte ich, wie Gummifüße über Metall schruppten. Ein Böses ahnender Blick nach oben brachte Gewissheit. Unsere aus der Pionierzeit des zügigen Essenserwärmens stammende tonnenschwere Mikrowelle bereitete sich gerade auf den Absprung von der Spitze unseres mannshohen Kühlschranks vor. Etwa zwei Drittel des stabilen Metallgehäuses hatten schon erfolgreich den Weg über die Kante geschafft und auch der hintere Teil wollte sich nicht lumpen lassen und folgte der Vorhut auf der Stelle.

Benebelt und von Panik ergriffen, rollte ich intuitiv in die entfernteste Ecke der Küche. Gerade rechtzeitig, um mit weit aufgerissenen Augen den Einschlag des quadratischen Kastens hautnah mitzuerleben. Unter ohrenbetäubendem Lärm zerschellte die Höllenmaschine in zahlreiche von mir nicht näher zu benennende Bauteile. Der Schnappmechanismus der Tür war dieser Gewalteinwirkung nicht gewachsen, entriegelte vorschriftsmäßig und gab das komplette Innenleben des Garraumes frei. Der große Glasdrehteller und der noch gut zur Hälfte gefüllte Tupperbehälter „Family" mit einer im essenswarmen Zustand durchaus schmackhaften Tomatensuppe, fanden auf einwandfreien ballistischen Bahnen den Weg in die Freiheit.

Natürlich zeigte die Klappe bei diesem Manöver in meine Richtung, sodass ich keine zwei Sekunden später aussah, als wäre ich einem Selbstmord-Attentäter näher als nötig gekommen. Im Gesicht und am Oberkörper großzügig gekennzeichnet versuchte ich mich aufzurappeln, was sich jedoch auf Grund der jetzt erst recht zu Buche schlagenden toxischen Indikation schwierig gestaltete und ich zusätzlich durch meine besockten Füße auf dem roten Sud-Teppich eine ansehnliche Kurzkür aufführte, die dem ehemaligen Ruhrgebietseislaufstar Rudi Cerne sicherlich gefallen hätte. Endlich aufrecht stehend schaffte ich es mühsam bis in den Flur.

In diesem Moment kommt meine Frau zur Wohnungstür herein, sieht meine verunstaltete Optik und greift sofort zum Telefon, um den Notarzt zu alarmieren. Lallend bringe ich noch hervor: „Der Sahnarst is' an allem Schuld", bevor ich mich letztmalig, beflügelt von Soßenresten unter meinen Füßen, dem Parkett nähere und entkräftet liegen bleibe. Wie durch einen dicken akustischen Nebel höre ich, wie meine Gattin energisch eine Nummer tippt und anschließend einen mir wohlbekannten Arzt in derart unflätiger Weise beschimpft, zu der ich selbst in bester Verfassung nicht in der Lage gewesen wäre.

Noch am selben Tag schlossen meine Frau und ich einen Pakt: Bei kommenden ungerechtfertigten Briefen von Behörden, Ärzten, Anwälten, Versicherungen oder ähnlich geldsaugenden Institutionen übernimmt sie den Part des verbalen Rückschlages, während ich mich aufopfernd um die Hysterie kümmere. Jedoch möglichst ohne körperliche Schäden davon zu tragen und unter strikter Nichteinmischung von Küchengeräten.

Zum Schluss.

Eine kleine Auswahl herrlicher Tippfehler, die ich Ihnen trotz der aufopfernden Hilfe meines Lektors nicht vorenthalten möchte:

Whiksylesung

Reiseverkehrskaufrau

... in der Praxis meines Husarentests ...
(statt „Hausarztes")

Betroffene Vögel
(statt „Besoffene")

... Marzipan- und Pfeffermus-Pyramiden ...

... ich dachte an einen von Adligen besuchten Schwindlerclub ...
(statt „Swingerclub")

Pfarrkostenerstattung (statt „Fahrtkostenerstattung")

... als man den immer noch leprösen Körper ...
(statt „leblosen")

... stellte Letbetter seine Wiederbelegungsbemühungen ein ...
(statt „Wiederbelebungsbemühungen")

Eine sechsköpfige Gruppe von sechs Personen ...

... der Ruhrgebietskreislaufstar Rudi Cerne ...

Die „Whiskylesung" – mehr davon unter www.whiskylesung.de:
v. l. Frank Schorneck, Ralf Weber, Dirk Oltersdorf, Rüdiger Boldt

„Du weißt, dass es zu Ende ist, wenn er nicht zu Ende isst."

(Abschiedszeile eines verkannten Sternekochs kurz nach Veröffentlichung der
100. Ausgabe des „Guide Michelin" – Niederfallingbostel, im März 2009)